**Richtlinien und Lehrpläne
für die Hauptschule
in Nordrhein-Westfalen**

Geschichte–Politik

ISBN 3-89314-064-6

Heft 3202/1

Herausgeber: Der Kultusminister des Landes Nordrhein-Westfalen
Völklinger Straße 49, 4000 Düsseldorf 1
Copyright 1989 by Verlagsgesellschaft Ritterbach mbH, Frechen
Druck und Verlag: Verlagsgesellschaft Ritterbach mbH
Rudolf-Diesel-Straße 10–12, 5020 Frechen 1
Telefon (0 22 34) 5 70 01

5/1989

Vorwort

Die Hauptschule hat einen gleichermaßen wichtigen wie schwierigen pädagogischen Auftrag zu erfüllen.

Der allgemeine Geburtenrückgang und ein gewandeltes Bildungsverhalten der Erziehungsberechtigten haben eine Veränderung ihrer Schülerschaft bewirkt. Die Aufgabe, allen Schülerinnen und Schülern, die eine Hauptschule besuchen, eine Schulbildung zu vermitteln, mit der sie in Privatleben, Gesellschaft, Staat und Beruf bestehen können, ist dadurch komplexer und anspruchsvoller geworden.

Die vorliegenden Richtlinien und Lehrpläne beschreiben Aufgaben und Ziele und bieten der Lehrerschaft Hilfen und Anregungen zur Unterrichtsplanung. Es liegt in der Verantwortung der Schule, den mit den Richtlinien und Lehrplänen vorgegebenen Rahmen standortbezogen und schülergerecht auszufüllen.

Der Richtlinienentwurf wurde unter Beteiligung aller Hauptschulen entwickelt. Die Fachlehrpläne wurden von Schulpraktikern, Vertretern der Schulaufsicht und Wissenschaftlern erstellt. Sie wurden in vielen Schulen und in Fachtagungen diskutiert und in Teilen an Schulen erprobt.

Ich hoffe, daß die Einführung der Richtlinien und Lehrpläne im Schuljahr 1989/90 die pädagogische Diskussion in unseren Hauptschulen weiter verstärken wird und einer breiteren Öffentlichkeit Einblicke in die Aufgaben und Leistungen der Bildungs- und Erziehungsarbeit unserer Hauptschulen ermöglicht.

Mein Dank gilt allen, die am Zustandekommen dieser Richtlinien und Lehrpläne beteiligt waren.

Stellvertretend für alle nenne ich Herrn Prof. Klafki, dem ich meine besondere Anerkennung für seine wissenschaftliche Beratung beim Entwurf der Richtlinien aussprechen möchte.

Hans Schwier
Kultusminister des Landes Nordrhein-Westfalen

**Auszug aus dem Gemeinsamen Amtsblatt des Kultusministeriums
und des Ministeriums für Wissenschaft und Forschung
des Landes Nordrhein-Westfalen 5/1989, S. 244**

Hauptschule – Richtlinien und Lehrpläne

RdErl. d. Kultusministers v. 30. 3. 1989
II B 2.36/1–20/0–700/89

Für die Hauptschule in Nordrhein-Westfalen werden hiermit Richtlinien und Lehrpläne gemäß § 1 SchVG festgesetzt.

Sie treten am 1. 8. 1989 für die Klasse 5 in Kraft.

Vom 1. 8. 1991 an gelten die Richtlinien und Lehrpläne für alle Klassen.

Inwieweit sie vor diesem Termin auch für andere Klassen übernommen werden können, entscheiden die Lehrerkonferenzen.

Die Veröffentlichung erfolgt in der Schriftenreihe „Die Schule in Nordrhein-Westfalen". Die vom Verlag übersandten Hefte sind in die Schulbibliothek einzustellen und dort u. a. für die Mitwirkungsberechtigten zur Einsichtnahme bzw. Ausleihe verfügbar zu halten. Die mit den Runderlassen vom 29. 11. 1982 (BASS 15–22 Nr. 8 und 19. 2. 1985 (BASS 15–22 Nr. 9) eingesetzten Lehrpläne für Evangelische und Katholische Religionslehre bleiben in Kraft.

Zu den genannten Zeitpunkten treten außer Kraft:

RdErl. v. 26. 3. 1973 (BASS 15–22 Nr. 1.0, 1.1, 1.2, 1.3, 1.4, 1.5, 1.6, 1.7)

RdErl. v. 21. 7. 1977 (BASS 15–22 Nr. 1.31)

RdErl. v. 30. 5. 1979 (BASS 15–22 Nr. 1.32)

RdErl. v. 29. 2. 1980 (BASS 15–22 Nr. 1.13, 1.23, 1.33, 1.43, 1.53, 1.63, 1.73)

Gesamtinhalt

Richtlinien

Inhalt

„(1) Ehrfurcht vor Gott, Achtung vor der Würde des Menschen und Bereitschaft zum sozialen Handeln zu wecken, ist vornehmstes Ziel der Erziehung.

(2) Die Jugend soll erzogen werden im Geiste der Menschlichkeit, der Demokratie und der Freiheit, zur Duldsamkeit und zur Achtung vor der Überzeugung des anderen, zur Verantwortung für die Erhaltung der natürlichen Lebensgrundlagen, in Liebe zu Volk und Heimat, zur Völkergemeinschaft und Friedensgesinnung."

Artikel 7 der Verfassung für das Land Nordrhein-Westfalen.

„In Gemeinschaftsschulen werden Kinder auf der Grundlage christlicher Bildungs- und Kulturwerte in Offenheit für die christlichen Bekenntnisse und für andere religiöse und weltanschauliche Überzeugungen gemeinsam unterrichtet und erzogen.

In Bekenntnisschulen werden Kinder des katholischen oder des evangelischen Glaubens oder einer anderen Religionsgemeinschaft nach den Grundsätzen des betreffenden Bekenntnisses unterrichtet und erzogen. In Weltanschauungsschulen, zu denen auch die bekenntnisfreien Schulen gehören, werden die Kinder nach den Grundsätzen der betreffenden Weltanschauung unterrichtet und erzogen."

Artikel 12, Absatz 6 der Verfassung für das Land Nordrhein-Westfalen

1. Aufgaben und Ziele der Hauptschule

1.1 Grundlagen

Die Hauptschule ist eine allgemeinbildende weiterführende Schule der Sekundarstufe I. Sie baut auf der Grundschule auf und führt zu allen Abschlüssen und Berechtigungen der Sekundarstufe I. Damit schafft sie die schulischen Voraussetzungen für den Übergang in eine Berufsausbildung oder die Schulen der Sekundarstufe II.

1.2 Erziehungs- und Bildungsauftrag

Die allgemeinen pädagogischen Leitlinien für den Erziehungs- und Bildungsauftrag der Schule sind in der Landesverfassung und in den Schulgesetzen formuliert.

Diesem Auftrag entsprechend bietet die Hauptschule ihren Schülerinnen und Schülern Anregungen und Hilfen auf dem Weg zur Mündigkeit. Dabei nimmt sie personale und soziale Erziehung und fachliche Bildung als miteinander verbundene Aufgaben wahr.

Mündigkeit

Sie vermittelt ihren Schülerinnen und Schülern grundlegende Befähigungen, die zu einer selbstbestimmten und verantwortungsbewußten Gestaltung des Lebens in einer demokratisch verfaßten Gesellschaft notwendig sind. Der Aufbau dieser Befähigungen geschieht jedoch nicht nur durch die Schule. Die Erweiterung und Ausgestaltung der grundlegenden Befähigungen ist eine lebenslange Aufgabe für Individuum und Gesellschaft. Die grundlegenden Befähigungen werden nachfolgend beschrieben.

Lebenslange Aufgabe

– **Gestaltung des persönlichen Lebens und Mitgestaltung sozialer Beziehungen**
Die Schule ist verpflichtet, Schülerinnen und Schüler in einem Prozeß altersgemäßer Entfaltung zunehmend zu befähigen, ihr Leben in selbstbestimmter und sozialer Verantwortlichkeit zu gestalten und dabei Möglichkeiten und Grenzen des eigenen Handelns in kritischer Selbsteinschätzung zu reflektieren. Sie müssen aber auch befähigt werden, gesellschaftliche Verhältnisse zu analysieren und zu beurteilen, ob und in welchem Maße diese die Wahrnehmung selbstbestimmter und zugleich sozialer Verantwortlichkeit ermöglichen oder behindern.

Selbstbestimmung und Verantwortung

Für die individuelle Entwicklung des Menschen sind insbesondere seine sozialen Beziehungen bestimmend. Eine wesentliche Aufgabe der Schule ist daher, Erfahrungen in und mit unterschiedlichen sozialen Gruppen und mit einzelnen Menschen zu ermöglichen und aufzuarbeiten sowie zur Mitgestaltung und ggf. zur Umgestaltung sozialer Bezie-

Individuelle Entwicklung und Mitgestaltung sozialer Beziehungen

hungen und der sie beeinflussenden gesellschaftlichen Verhältnisse zu befähigen.

Die Hauptschule erzieht zu Toleranz, wechselseitigem Verstehen und zur Solidarität, aber auch zur Bereitschaft und zur Fähigkeit, Kritik sachlich vorbringen, akzeptieren und verarbeiten zu können. Sie ermöglicht positive Erfahrungen des Sich-Kennenlernens, des gemeinsamen Spielens und Lernens, des Austausches und der Kooperation. Sie macht Vorurteile transparent und versucht, sie abzubauen bzw. zu vermeiden. Sie fördert dabei die Fähigkeit und Bereitschaft zu rationaler Auseinandersetzung in Konfliktsituationen.

Gemeinsames Leben und Lernen

Die Aufgabe der personalen und sozialen Erziehung gewinnt besondere Bedeutung, weil Schülerinnen und Schüler unterschiedlicher ethnischer bzw. nationaler Herkunft mit verschiedenen religiösen und kulturellen Werten und Traditionen zusammen leben und lernen. Daraus erwächst auch die Aufgabe der sozialen Integration ausländischer Schülerinnen und Schüler. Die unterschiedlichen kulturellen und sozialen Erfahrungen sind unter Beachtung der eigenen kulturellen Identität der Schülerinnen und Schüler für das gemeinsame Leben und Lernen in der Hauptschule zu nutzen. Dies hat auch Auswirkungen auf die Auswahl und Konkretisierung von Themen, Inhalten und Formen des Unterrichts und auf das Schulleben.

– **Verantwortliche Tätigkeit in der Berufs- und Arbeitswelt**

Berufs- und Arbeitswelt im Wandel

Die Hauptschule bereitet ihre Schülerinnen und Schüler durch Vermittlung grundlegender Kenntnisse, Fertigkeiten und Fähigkeiten in allen Fächern und Lernbereichen auf die Berufs- und Arbeitswelt vor, insbesondere im Bereich der Arbeitslehre; sie unterstützt diesen Prozeß durch die Förderung von Interessen, Fähigkeiten und Begabungen sowie durch das Aufarbeiten von Inhalten und Erfahrungen aus der Arbeitswelt.

Bei der schulischen Vorbereitung auf die Berufs- und Arbeitswelt ist zu berücksichtigen, daß die Arbeitswelt sich besonders durch rasche technologische Entwicklung verändert und damit sich ständig wandelnde Anforderungen an den Menschen stellt, daß heute viele Menschen, auch Jugendliche, mit Arbeitslosigkeit konfrontiert werden, daß der quantitative Anteil der Arbeitszeit abnimmt und die Gestaltung der Freizeit zunehmend an Bedeutung gewinnt.

Erfahrungen mit Arbeitswelt

Schülerinnen und Schüler lernen in und außerhalb der Schule vielfältige Arbeitssituationen kennen. In der pädagogisch unterstützten, praktischen und theoretischen Auseinandersetzung mit solchen Situationen können sie sich ihrer individuellen Interessen und Befähigungen bewußt werden, sie prüfen und entwickeln und sie mit Aufgaben und Anforderungen unterschiedlicher beruflicher Tätigkeiten vergleichen. Zugleich lernen sie Rechte und Pflichten, Möglichkeiten und Grenzen der Mitwirkung bei der Gestaltung und Veränderung von Arbeitsplätzen, Arbeitsabläufen und Entscheidungsprozessen kennen und erfahren dabei die Notwendigkeit, ihre eigenen Interessen selbst zu vertreten. Dazu gehört auch die Auseinandersetzung mit den unterschiedlichen Rollen von Männern und Frauen im Berufs- und Arbeitsleben und in der Gesellschaft.

Die Schule soll Schülerinnen und Schüler auf diese Weise befähigen, eine erste überlegte Berufswahl zu treffen.

– **Mitbestimmung und Mitverantwortung in Gesellschaft und Politik**

Mitbestimmung und Mitverantwortung setzen Handlungsfähigkeit voraus. Daher müssen Schülerinnen und Schüler Einsichten in grundlegende Werte und Normen unserer Gesellschaft, in gesellschaftliche, wirtschaftliche, ökologische und politische Zusammenhänge und Interessen, in Machtverhältnisse und Entscheidungsprozesse ermöglicht werden.

Sie müssen befähigt werden, die Chancen zur Einflußnahme auf gesellschaftliche und politische Entscheidungsprozesse zu erkennen, zu nutzen und zu erweitern. Sie sollen dabei erkennen, daß sie in Zukunft für gesellschaftliche und politische Entscheidungen mitverantwortlich sein werden.

Einflußnahme und Verantwortung

Eine Voraussetzung für die Entwicklung sozialer Handlungsfähigkeit ist es, daß die Schülerinnen und Schüler in der Schule selbst Gelegenheit erhalten und den Anspruch erfahren, an Entscheidungen mitzuwirken und Mitverantwortung für die Verwirklichung und die Folgen von Entscheidungen zu übernehmen.

– **Teilhabe an der kulturellen Welt**

Die individuelle und soziale Existenz des einzelnen wird durch das kulturelle Leben der Gesellschaft mitgeprägt.

Individuum und Kultur

Kultur umfaßt wissenschaftliche, technische und handwerkliche Leistungen, soziale Lebensformen, künstlerische Werke bzw. ästhetische Aktivitäten, durch religiöse Überzeugungen geprägte Lebenswelten, aber auch die Formen des Umgangs der Menschen mit ihrer Körperlichkeit, vom Sport bis zur Sexualität.

Die Schule hat die Aufgabe, bei Schülerinnen und Schülern Interesse an kulturellen Traditionen und neuen Entwicklungen zu wecken und die Vielgestaltigkeit der kulturellen Welt und der Möglichkeiten zu ihrer Weiter- und Umgestaltung erfahrbar zu machen. Teilhabe bedeutet hier Mitwirken, Mitgestalten, kreatives Tun, aber auch kritische Auseinandersetzung.

Bedeutung von Freizeit

Einer der wichtigsten Bereiche, in denen solche Erfahrungen heute möglich sind, ist die Freizeit. Freizeit ist mehr als bloß arbeitsfreie Zeit. Sie ist Zeit der Erholung, für Fortbildung und für Teilnahme am gesellschaftlichen und staatsbürgerlichen Leben, für Unterhaltung, Sport und Leben in und mit der Familie, aber auch Zeit der Muße und des Nachdenkens. Freizeitmöglichkeiten sind allerdings häufig an kommerzielle Angebote gebunden. Schule hat im Rahmen der Freizeiterziehung die Aufgabe, die Interessen der Jugendlichen zu entfalten, einem unkritischen Konsum von kommerziellen Angeboten entgegenzuwirken und aktive Formen der Freizeitgestaltung entwickeln zu helfen. Phantasie und Kreativität, Gestaltungsvermögen und ästhetisches Empfinden können durch aktives Tun in Verbindung mit kritischer Besinnung gefördert werden.

– **Auseinandersetzung mit grundlegenden Sinnfragen menschlicher Existenz**
Den Schülerinnen und Schülern stellt sich die Frage nach dem Sinn des eigenen Lebens und menschlicher Existenz in vielfältiger Weise.

Verantwortung für Gegenwart und Zukunft

Die Schule nimmt solche Fragen der Schülerinnen und Schüler ernst und ermutigt sie, sie offen anzusprechen. Schule soll den Horizont der jungen Menschen aber auch erweitern, indem sie Sinnfragen bewußtmacht, die die jungen Menschen individuell und in ihren zwischenmenschlichen und gesellschaftlich-politischen Beziehungen betreffen; Fragen etwa nach der individuellen Erfahrung und der existentiellen Bedeutung von Zukunftsperspektiven, Glück, Verantwortung, Freiheit, Liebe, Angst, Vertrauen, Tod, Solidarität, Gerechtigkeit, Arbeit, Schuld und Glauben.

So erhalten sie Hilfen, ihr Leben besser zu verstehen, Wertentscheidungen bewußter zu treffen, Handlungsmöglichkeiten zu durchdenken und zunehmend mehr Verantwortung für sich und andere zu übernehmen.

In Bekenntnisschulen sind die Erziehungs- und Bildungsaufgaben so zu erfüllen, daß die Grundsätze des betreffenden Bekenntnisses in Unterricht und Erziehung sowie bei der Gestaltung des Schullebens insgesamt zur Geltung kommen.

2. Lehren und Lernen in der Hauptschule

2.1 Prinzipien des Lehrens und Lernens

Die Arbeit in der Hauptschule ist durch die vier Lehr- und Lernprinzipien Erfahrungsorientierung, Wissenschaftsorientierung, Handlungsorientierung, Gegenwarts- und Zukunftsorientierung gekennzeichnet.

Diese vier Prinzipien ergänzen und stützen einander und erfüllen so den Anspruch ganzheitlichen Lernens. Aber nicht jeder Lehr- und Lernprozeß kann allen Prinzipien in gleicher Weise entsprechen.

Jedes einzelne Prinzip hat eine spezifische pädagogische und didaktische Bedeutung.

- für die Motivation, das Lernen und die individuellen Entfaltungsmöglichkeiten einer jeden Schülerin, eines jeden Schülers,
- für das soziale Lernen im gemeinsamen Lebens- und Erfahrungsraum der Schule,
- für die individuelle und gesellschaftliche Lebensperspektive der Schülerinnen und Schüler.

Individuelle Entwicklung, Schule als soziales Umfeld und Zukunftsperspektiven

Erfahrungsorientierung

Lehren und Lernen in der Hauptschule gehen von den Erfahrungen und den Bedingungen der Lebenswirklichkeit der Schülerinnen und Schüler aus.

- Die individuellen Erfahrungen der Schülerinnen und Schüler, ihre Wertorientierungen, ihre bereits erworbenen Fertigkeiten und Fähigkeiten, sich mit ihrer Lebenswirklichkeit auseinanderzusetzen, sie zu gestalten und zu deuten, sind eine wichtige Grundlage schulischen Lernens. Schule und Unterricht berücksichtigen diese Erfahrungen, beziehen sie in das fachliche und das fachübergreifende Lernen ein und reflektieren sie, ermöglichen aber auch neue Erfahrungen und ein zunehmend vertieftes Verstehen.

Lebenswirklichkeit und Alltagserfahrungen

Viele Kenntnisse und Einsichten werden über Medien vermittelt, die sich – wie die Informations- und Kommunikationstechnologien – in einer raschen Entwicklung befinden. Schülerinnen und Schüler sollen befähigt werden, die Medien und die durch sie vermittelten Informationen und Meinungen kritisch zu analysieren und zur eigenen Information und Gestaltung zu nutzen.

Die Schule hat die Aufgabe, die Vermittlungsprozesse durchsichtig zu machen, die Unterschiedlichkeit und Bedeutung von Erfahrungen aufzugreifen, die über Medien vermittelt werden, und den Schülerinnen und Schülern zu eigener Urteilsbildung zu verhelfen.

Lebenssituation „Schule"	– Die Schule selbst ist Teil der Lebenswirklichkeit der Schülerinnen und Schüler. Das Lern- und Arbeitsklima wird sowohl vom Bildungsauftrag der Schule als auch von den sozialen Bedürfnissen bestimmt, die Lernende und Lehrende in die Schule einbringen. Schule ist auch ein Raum für die Aufarbeitung unterschiedlicher kultureller Erfahrungen. Dabei kommt dem Schulleben mit seinen vielfältigen Begegnungs- und Gestaltungsmöglichkeiten ein besonderer Stellenwert zu.
Gesellschaftliche Wirklichkeit	– In der bewußten pädagogischen Wahrnehmung des Prinzips der Erfahrungsorientierung weist Schule auch über sich hinaus. In fachlichen und fächerübergreifenden Lernprozessen vermittelt sie Kenntnisse, die den Schülerinnen und Schülern helfen, sich rational mit individuellen und gesellschaftlichen Erfahrungen auseinanderzusetzen. Sie bahnt damit grundlegende Fähigkeiten und Einsichten an, die Schülerinnen und Schüler benötigen, um sich in einer Lebenswirklichkeit zurechtzufinden, die von unterschiedlichen, z. T. widerstreitenden Interessen und Erfahrungen sowie durch zunehmende Komplexität gekennzeichnet ist.

Wissenschaftsorientierung

Lehren und Lernen sind in der Hauptschule insofern wissenschaftsorientiert, als wissenschaftliche Erkenntnisse und Methoden die Grundlage dafür bilden, die Welt durchschaubar zu machen und damit eine wesentliche Grundlage für Handlungsfähigkeit in einer weitgehend von Wissenschaft bestimmten Lebenswirklichkeit zu gewinnen.

Subjektive Erfahrungen und gesicherte Einsichten	– Für die individuelle Lerngeschichte bedeutet wissenschaftsorientiertes Lernen eine Ausweitung eigener Erfahrungen und Erkenntnisse. In Verbindung mit Neugier und Lerninteresse führen sie dazu, subjektive Erfahrungen zu überprüfen, die eigene Wirklichkeit richtig einzuschätzen, um so zu überprüfbaren Einsichten zu gelangen.
	– Wissenschaftsorientierung bedeutet in der Sekundarstufe I weder auf wissenschaftliche Tätigkeiten vorzubereiten noch Ergebnisse und Methoden der Wissenschaften direkt zu vermitteln; insbesondere sind fachliche Ziele und Inhalte nicht primär durch ihren Stellenwert in der Fachwissenschaft und deren Systematik zu rechtfertigen, sondern vor allem durch ihre Bedeutung für das Durchschauen und Bewältigen von Problemen der individuellen und gesellschaftlichen Existenz.

In diesem Rahmen sollen Schülerinnen und Schüler an Beispielen erkennen, daß die Ergebnisse wissenschaftlichen Arbeitens im Prozeß der Forschung durch andere erweitert, präzisiert, korrigiert oder widerlegt und ihre Ergebnisse zu sehr unterschiedlichen Zwecken benutzt werden können.

Dabei muß auch deutlich werden, daß die einzelnen Wissenschaften Wirklichkeit immer nur in Ausschnitten und unter bestimmten Aspekten erfassen, folglich bei der Erforschung komplexer Zusammenhänge, z. B. angesichts von Umwelt-, Gesundheits- und Friedensproblemen, zusammenwirken müssen.

– In diesem Sinne öffnet die Schule den Blick für die Beziehungen zwischen subjektiven Erfahrungen oder Einschätzungen und zu verallgemeinernden Erkenntnissen und fördert so zunehmend die Urteils-, Kritik- und Handlungsfähigkeit der Schülerinnen und Schüler in einer sich in starkem Maße an Kriterien wissenschaftlicher Rationalität ausrichtenden Gesellschaft. **Entwicklung der Urteils- und Handlungsfähigkeit**

Handlungsorientierung

Lehren und Lernen in der Hauptschule nutzen die vielfältigen Erkenntnismöglichkeiten, die in handlungsorientierten Zugriffen auf Wirklichkeit liegen. Durch eine von den Schülerinnen und Schülern als sinnvoll erlebte, aktive Auseinandersetzung mit Lerngegenständen, in die sie ihre praktischen, emotionalen und intellektuellen Fähigkeiten einbringen können, erfahren sie Denken und Handeln als Einheit.

– Die Schule muß insbesondere dort handlungsorientierte Lehr- und Lernverfahren ausbauen, wo diese das Verstehen komplexer Probleme erleichtern und stützen. Konkretheit und Anschaulichkeit in der Sache tragen dazu bei, Lernwiderstände zu überwinden und Anstrengungen durchzuhalten. Die Erfahrung, daß individuelle oder gemeinsame Anstrengungen zu einem sachgerechten Ergebnis führen können, steigert Leistungsbereitschaft und Motivation. **Konkretheit und Anschaulichkeit**

– Die handlungsorientierte Auseinandersetzung mit Gegenständen der natürlichen, technischen, kulturellen und sozialen Umwelt kommt den Interessen und Verstehensmöglichkeiten der Schülerinnen und Schüler entgegen. Im selbsttätigen Erproben, Untersuchen, Planen, Verändern, Herstellen und Prüfen erfahren Schülerinnen und Schüler zugleich die Entwicklung, die Vielfalt und Qualität der eigenen praktischen Fähigkeiten im Zusammenhang mit ihren emotionalen und intellektuellen Fähigkeiten. Handlungsorientiertes Lernen kann die Bereitschaft und das Interesse fördern, selbsttätig neue Erkenntnisse zu gewinnen, zu Einsichten in Sachzusammenhänge zu gelangen und über Bedingungen gegebener Verhältnisse und Möglichkeiten ihrer Verbesserung oder Veränderung nachzudenken. **Denken und Handeln**

– Handlungsorientierung ist auch ein wesentliches Element des projektorientierten Unterrichts bzw. der Durchführung von Projekten. Diese Unterrichtsformen bieten sich an, wo **Projektorientiertes Arbeiten** es darauf ankommt, die Komplexität einzelner Sachprobleme von verschiedenen Standpunkten aus aufzuarbeiten oder die unterrichtliche Arbeit auf ein eigenes Vorhaben hin zu konzentrieren. In solchen Unterrichtsformen können die spezifischen Interessen und Fähigkeiten der Schülerinnen und Schüler, die unterschiedlichen Problemaspekte eines Themas sowie die verschiedenen fachlichen Zugriffsweisen in ihrer Bedeutung und ihren Grenzen für die Klärung komplexer Probleme bzw. bei der kooperativen Durchführung eines gemeinsamen, fächerübergreifenden Projekts zur Geltung kommen.

Handlungsfähigkeit und Mündigkeit

– Schließlich kommt dem Prinzip der Handlungsfähigkeit eine gesellschaftliche Bedeutung zu. Ein demokratisch verfaßtes Gemeinwesen ist auf die Fähigkeit und Bereitschaft seiner Bürgerinnen und Bürger angewiesen, sich an der politischen, sozialen, kulturellen, wirtschaftlichen und technischen Entwicklung zu beteiligen.

Selbsttätiges sachbezogenes und soziales Handeln in der Schule unterstützt so die Entwicklung der Fähigkeit und Bereitschaft, an der Lösung gesellschaftlicher Probleme mitzuarbeiten.

Gegenwarts- und Zukunftsorientierung

Lehren und Lernen in der Hauptschule müssen so angelegt sein, daß Ziele, Inhalte und Verfahren dem Kriterium der Gegenwarts- und Zukunftsorientierung gerecht werden.

Entwicklung der Persönlichkeit

– Eine auf gegenwärtige und zukünftige Lebenssituationen vorbereitete Persönlichkeit wird sich dann ausformen, wenn das Individuum Sinn- und Wertorientierungen entwickelt hat, sich seiner spezifischen Fähigkeiten, Begabungen und Leistungen bewußt geworden ist und diese zur Gestaltung seines Lebens und seiner zwischenmenschlichen und gesellschaftlich-politischen Beziehungen einsetzen kann.

Für die einzelnen Schülerinnen und Schüler bedeutet dies, daß sie einen Anspruch darauf haben, durch schulisches Lernen in ihrer gesamten Persönlichkeit gefordert und gefördert zu werden.

Grundlegende Bildung und Weiterlernen

– Dabei kommt solchen Verfahren besondere Bedeutung zu, durch die Schülerinnen und Schüler lernen, wie man weiterlernen, wie man auch selbständig eigenes Wissen und Können vertiefen kann.

Schließlich bezieht sich das didaktische Prinzip der Gegenwarts- und Zukunftsorientierung auf die Auswahl der Themen und Inhalte einer grundlegenden Bildung. Die Auswahl soll so getroffen werden, daß für die Kinder und Jugendlichen die in der Schule gewonnenen Erfahrungen, Kenntnisse und Fähigkeiten auch schon in der unmittelbaren Gegenwart Bedeutung erhalten oder von ihnen als zukunftsbedeutsam erkannt werden können.

- Die Zukunft der Menschheit hängt wesentlich davon ab, wie weit es gegenwärtigen und zukünftigen Generationen gelingt, ihrer Verantwortung für die Erhaltung der Lebensgrundlagen und des Friedens gerecht zu werden. Die Vermittlung der Einsicht in die Bedingungen unserer sozialen, ökologischen, ökonomischen und politischen Existenz und die Verdeutlichung bzw. die Aufarbeitung der subjektiven Betroffenheit sowie das Fragen nach zukunftsorientierten Problemlösungen sind somit wichtige Aufgaben der Schule.

Verantwortung für die Zukunft

2.2 Unterricht in der Hauptschule

– Ziele und Inhalte

Die Schule vermittelt neben Einstellungen und Haltungen, Einsichten und Kenntnissen auch methodisches Können, instrumentelle Fertigkeiten und Fähigkeiten sowie die Fähigkeit zum Weiter- und Umlernen.

Die Ziele und Inhalte des Unterrichts sind so zu konkretisieren, daß die Schülerinnen und Schüler
- deren Beziehungen zu eigenen Lebenssituationen und zur eigenen Lebenswirklichkeit erkennen können,
- ihre eigenen Erfahrungen, ihre Vorkenntnisse und methodischen Fertigkeiten einbringen können,
- die eigene Leistungsfähigkeit erfahren und Leistungsbereitschaft entwickeln können,
- Lernprozesse mitplanen und mitgestalten können,
- zum fachlichen und fächerübergreifenden Lernen befähigt werden,
- selbsttätig Wege zu Lösungen finden können,
- gewonnene Ergebnisse anwenden, in bestehende Zusammenhänge einordnen bzw. auf neue übertragen lernen.

Schüler und lebensnahe Konkretisierung

Insofern sind auch die im Lehrplan als verbindlich ausgewiesenen Ziele und Inhalte auf weitere schüler- und lebensnahe Konkretisierung angewiesen.

Die verbindlichen Themen und Lehrgänge sind so angelegt, daß sie nicht die gesamte Unterrichtszeit in Anspruch nehmen und Raum bleibt für ergänzende unterrichtliche Angebote und Themenentscheidungen.

– Unterrichtsorganisation

Alle Unterrichtsveranstaltungen sowie die zusätzlichen Fördermaßnahmen finden in der Regel in jahrgangsbezogenen Lerngruppen statt.

Jahrgangsübergreifende Unterrichtsveranstaltungen sind im Wahlpflichtunterricht möglich. Auch freiwillige Arbeitsgemeinschaften, Projekte sowie Veranstaltungen des Erwei-

Jahrgangsbezogene und jahrgangsübergreifende Organisationsformen

terten Bildungsangebots können jahrgangsübergreifend organisiert werden.

In allen Lerngruppen müssen die Unterschiede der Lernenden im Entwicklungs- und Leistungsstand, in Lernbereitschaft und Leistungsfähigkeit durch binnendifferenzierenden Unterricht berücksichtigt werden. Das erfordert in Umgang und Anforderung differenzierende Aufgabenstellungen sowie ein Zurücktreten des Frontalunterrichts zugunsten von Einzel-, Partner- und Gruppenarbeit; dies bedingt zugleich die Abstimmung zwischen den in einer Klasse unterrichtenden Lehrerinnen und Lehrern.

Wesentliche Kennzeichen des Unterrichts sind:
– Wechsel zwischen lehrer-, schüler- und medienzentrierten Lernsituationen
– Möglichkeiten zu Interaktionen der Schülerinnen und Schüler
– Gruppen- und Selbstkontrolle von Arbeitsweisen und Ergebnissen
– Freiraum in Aufgabenstellung und Lösungsweg, auch Selbsteinschätzung bei der Wahl von Aufgaben und Anforderungen
– Unterschiede im Grad der Selbsttätigkeit der Schülerinnen und Schüler und damit in Art und Umfang der Lernhilfen
– flexible Gruppenarbeit.

Wechselnde Lehr- und Lernformen

– **Lehr- und Lernformen**
Planvoll wechselnde Lehr- und Lernformen sind ein wichtiges Mittel der Differenzierung und dienen der Motivation. Da die Bezeichnungen der einzelnen Lehr- und Lernformen unter verschiedenen Leitgesichtspunkten erfolgen – mal auf die Anordnung der Inhalte, mal auf die Art des Lehrens und Lernens und mal auf die Sozialformen bezogen –, sind sie nicht trennscharf voneinander abgegrenzt. Die aufgeführten Lehr- und Lernformen können sich überschneiden und z. T. miteinander kombiniert werden. – Für alle diese Formen gelten, mit jeweils unterschiedlichem Gewicht, die im Abschnitt 2.1 genannten Prinzipien des Lehrens und Lernens und die im Abschnitt 2.2 erläuterten Grundsätze der Unterrichtsgestaltung.

– Durch **Lehrgänge** werden Schülerinnen und Schüler in die für die einzelnen Fächer und Lernbereiche wesentlichen Inhalte, Wissensbestände, Fertigkeiten und Methoden eingeführt. Wo immer dies möglich ist, sollten die Themen fachspezifischer Lehrgänge miteinander abgestimmt und aufeinander bezogen werden. Dies gilt insbesondere innerhalb eines Lernbereichs.

20

- Bestimmende Prinzipien des **projektorientierten Unterrichts** sind Entdecken, Handeln und Herstellen. In ihm werden Schülerinnen und Schüler an Situations- und Handlungsfelder herangeführt, in denen sie fachliches Wissen und Können erproben, vertiefen und erweitern können.
- in **Projekten** bestimmen die Schülerinnen und Schüler Ziele, Inhalte und Arbeitsschritte weitgehend selbst. Wesentlich für Projekte sind darüber hinaus ihr Handlungsbezug, ihr fächerübergreifender Charakter und ihre Orientierung auf ein vorweisbares „Werk". Projekte ermöglichen eine Integration fachspezifischer Lernanteile – auch Lehrgänge – mit den Wirklichkeitserfahrungen der Schülerinnen und Schüler. Dabei kommt der Darstellung gemeinsamer Arbeitsergebnisse über den Unterricht hinaus ein besonderer Stellenwert zu.
- Die **Erkundung** ist eine Arbeitsform, in der die Schülerinnen und Schüler unter gezielten Fragestellungen außerhalb der Schule recherchieren, Informationen sammeln und diese so aufbereiten, daß sie für eine weitere unterrichtliche Verarbeitung herangezogen werden können.
- **Schülerbetriebspraktika** in den Klassen 9 und 10 bieten die Möglichkeit, die Berufs- und Arbeitswelt unmittelbar kennenzulernen und sich mit ihren technischen und sozialen Problemen auseinanderzusetzen. Dazu bedarf es einer gezielten Vor- und Nachbereitung im Unterricht.
- In **Unterrichtsgesprächen** können Schülerinnen und Schüler ihre Einstellungen, Kenntnisse und Einsichten einbringen, reflektieren und ordnen.
Sie werden dadurch ermutigt und angeleitet, Fragen zu stellen und eigene Interessen zu artikulieren und zu vertreten. So erhalten Lehrerinnen und Lehrer wichtige Hinweise für eine schülerorientierte Konkretisierung des Unterrichts.
- **Gruppenarbeit** bietet Schülerinnen und Schülern Möglichkeiten, ihre unterschiedlichen fachlichen und sozialen Fähigkeiten in einen gemeinsamen und zielgerichteten Lernzusammenhang einzubringen. Sie leistet so einen wichtigen Beitrag zur Entwicklung von grundlegenden Befähigungen für erfolgreiches, gemeinsames Lernen und Arbeiten.
- **Einzelarbeit** bzw. **Freiarbeit,** die auch in Partner- oder Kleingruppen erfolgen kann, ermöglichen es den einzelnen Schülerinnen und Schülern in zunehmendem Maße,

einen individuellen Lernstil auszubilden, ihrem Lerntempo entsprechend zu arbeiten, Planung des eigenen Lernens und Selbstkontrolle zu lernen und/oder gezielt am Ausgleich individueller Schwächen oder Rückstände zu arbeiten oder individuellen Interessen nachzugehen. Dem Lehrer bietet sich so die Möglichkeit, einzelnen Schülerinnen und Schülern gezielte Hilfen zu geben.

Um die genannten Lehr- und Lernformen optimal einsetzen zu können, wird es nicht selten erforderlich sein, abweichend von den 45-Minuten-Einheiten andere zeitliche Gliederungen (Blockunterricht, Epochenunterricht, Projekttage bzw. -wochen u. a.) vorzunehmen.

Öffnung der Schule

Die Schule entspricht den im Abschnitt 2.1 erläuterten Prinzipien auch dadurch, daß sie sich gegenüber ihrem Umfeld öffnet. Die Einbeziehung ihres natürlichen, sportlichen, kirchlichen, kulturellen, technischen, wirtschaftlichen, sozialen und politischen Umfeldes schafft vielfältige Anregungen zur Gestaltung der schulischen Arbeit und führt zu Begegnungen mit Lebenswirklichkeit.

– **Leistung und ihre Bewertung**

Leistungsanforderung und Entwicklung der Leistungsfähigkeit

Personale und soziale Erziehung und fachliche Bildung finden in einem Prozeß statt, in dem vielfältige Leistungsanforderungen gestellt werden.

Erziehung und Bildung in der Hauptschule sind so gestaltet, daß Schülerinnen und Schüler durch Förderung und Forderung die Möglichkeit erhalten, an ihren Leistungsstand anzuschließen, ihre Leistungsfähigkeiten zu erproben und weiter auszubauen, um so gegenwärtigen und zukünftigen Leistungsanforderungen gewachsen zu sein.

Leistungserfahrung und Selbstvertrauen

Die Erfahrung, allein oder mit anderen gemeinsam Leistungen erbracht zu haben, stärkt das Selbstbewußtsein und damit die Bereitschaft, sich neuen Aufgaben zu stellen. Insofern ist es eine zentrale Aufgabe von Schule, durch differenzierte Aufgabenstellungen, durch Unterstützung und Ermutigung und durch Anerkennung von Leistung die Voraussetzung für Selbstvertrauen der Schülerinnen und Schüler zu schaffen.

Üben und Wiederholen

Wesentliche Bestandteile des Lernens sind Üben und Wiederholen. Sie ermöglichen den Schülerinnen und Schülern, das Gelernte bis zur sicheren Beherrschung zu festigen.

Individuelle/ gemeinschaftliche Leistungen

In der Schule werden sowohl individuelle als auch gemeinschaftliche Leistungen erbracht. Individuelle Leistungen umfassen präsentes Wissen und Können, aber ebensosehr Beiträge zur Lösung von Problemen, Gestaltungsvorschläge, sachliche Kritik, die Verläßlichkeit z. B. in der

Durchführung von Projekten, kooperatives Verhalten, sachgemäße Hilfen für den Lernprozeß anderer Schüler. Daneben gibt es gemeinschaftliche Leistungen, z. B. bei der Planung und Durchführung von Projekten.

Individuelle Leistungen und Gruppenleistungen müssen Fortschritte und Entwicklung bewußt werden lassen.

Bei der Leistungsbewertung geht es um eine für Schülerinnen und Schüler gerechte Entscheidung, die auf der Grundlage der im Unterricht vermittelten Kenntnisse, Fähigkeiten und Fertigkeiten und pädagogischer Kriterien, auch unter Berücksichtigung individueller Aspekte (Lernentwicklung, Verhältnis von Leistung und Leistungsfähigkeit, u. a.), getroffen wird.

Leistungs-
bewertung

Leistungsanforderungen und Leistungsbewertung können die Entwicklung von Leistungs- und Lernbereitschaft und eines positiven Lernklimas verhindern, wenn sie beim einzelnen Schüler Angst und zwischen den Schülerinnen und Schülern Konkurrenzverhalten erzeugen. Lernerfolgsüberprüfungen sollen daher nicht erst am Ende von Lernprozessen erfolgen, sondern – soweit wie möglich als Selbstkontrollen der Schülerinnen und Schüler – bereits in die Lernprozesse als Zwischenstationen eingebaut werden. Dann können sie von den Schülerinnen und Schülern als Lernhilfen erfahren werden, zur Vergewisserung über das eigene Können beitragen, Ängste abbauen bzw. ihrer Entstehung vorbeugen. Konkurrenzverhalten aber kann verhindert oder mindestens vermindert werden, wenn Lernerfolgsüberprüfungen und Leistungsbewertungen nicht primär den Vergleich zwischen den Schülerinnen und Schülern betonen, sondern auf die individuelle Leistungsentwicklung konzentriert werden.

– Aufgabe und Einsatz der Lehrerinnen und Lehrer
Die Schülerinnen und Schüler der Hauptschule sind in besonderem Maße auf die Schule und ihre Lehrerinnen und Lehrer angewiesen, wenn sie entsprechend dem Bildungsauftrag dieser Schule gefördert werden sollen. Das pädagogische Engagement der Lehrerinnen und Lehrer kann bei Schülerinnen und Schülern Motivation und Bereitschaft zum Lernen wecken. Ihre erzieherische, fachliche und didaktische Qualifikation einschließlich ihres methodischen Repertoires tragen wesentlich zum Lernerfolg und zur Lernentwicklung bei.

Zur kontinuierlichen umfassenden Förderung und Beratung der Schülerinnen und Schüler unter Berücksichtigung ihres Entwicklungsstandes und ihrer Entwicklungsmöglichkeiten ist die Kooperation, wechselseitige Unterstützung und

Zusammenarbeit

Abstimmung zwischen den Lehrenden und die enge und vertrauensvolle Zusammenarbeit mit den Erziehungsberechtigten erforderlich.

Lehrerin/Lehrer als Bezugsperson

Ein wissenschaftsorientierter Unterricht ist auf fach- und erziehungswissenschaftlich ausgebildete Lehrerinnen und Lehrer angewiesen. Neben der fachwissenschaftlichen und der didaktischen Ausbildung kommt der Fähigkeit der Lehrerinnen und Lehrer, tragfähige Beziehungen zu Schülerinnen und Schülern aufzubauen, besondere Bedeutung zu.

Es ist daher aus pädagogischen Gründen wünschenswert, daß
– die Klassenlehrerin/der Klassenlehrer – soweit fachlich vertretbar – einen möglichst großen Anteil des Unterrichts übernimmt bzw. die Anzahl der Lehrenden, die in einer Klasse unterrichten, möglichst gering gehalten wird,
– Lehrerinnen/Lehrer in einer Klasse in der Regel mindestens zwei Jahre lang unterrichten.

Dies gilt in Anknüpfung an die Arbeit der Grundschule insbesondere für die Klassen 5 und 6.

3. Schwerpunkte der Arbeit in den Doppeljahrgangsstufen

3.1 Jahrgangsstufen 5 und 6

Anknüpfung Grundschularbeit

Die Schülerinnen und Schüler lernen in den Jahrgangsstufen 5 und 6 (Erprobungsstufe) die neue Schulform kennen und in ihr zu arbeiten. Der Unterricht schließt unmittelbar an die fachliche und erzieherische Arbeit der Grundschule an.

Anregung neuer Lerninteressen

In der Stufe der Erprobung ist es besonders wichtig, die Lernmöglichkeiten der Schülerinnen und Schüler sowie ihre individuelle Lernausgangssituation zu erkennen und neue Lerninteressen anzuregen.

Durch Unterrichtsangebote in neuen Fächern, durch neue Arbeitsformen und schulische Angebote wird Lernfreude, die häufig nicht mehr vorhanden ist, neu geweckt.

Vor allem in den Fächern Deutsch und Mathematik sind im 1. Halbjahr des 5. Schuljahres die Stärken und Schwächen der Schülerinnen und Schüler festzustellen, damit an einer zielgerichteten und individuellen Förderung gearbeitet werden kann.

Das Lernen vollzieht sich zunächst vorwiegend konkret, anschauungs- und handlungsbezogen. Auf dieser Grundlage ist es möglich und zugleich notwendig, die Abstraktionsfähig-

keit kontinuierlich auszudifferenzieren. Dazu müssen alle
Fächer und Lernbereiche ihren Beitrag leisten.

Optimale Förderung aller Kinder ist nur möglich, wenn in
erheblichem Umfang mit Formen der Binnendifferenzierung
gearbeitet wird, um unterschiedlichen Lerngeschwindigkeiten,
Ausgangsbedingungen und Arbeitsweisen einzelner Schülerin-
nen/Schüler oder Schülergruppen gerecht zu werden und die
Fähigkeit zu selbstgesteuertem Lernen zu fördern.

*Binnen-
differenzierung*

Benachteiligungen sowie vorhandene individuelle Lernrück-
stände werden durch Förderunterricht ausgeglichen. Geson-
derte Gruppenbildung kann als vorübergehende Fördermaß-
nahme in besonderen Fällen sinnvoll sein, sofern sie nicht zu
Lasten der weiteren Beteiligung der betreffenden Schülerinnen
und Schüler am gemeinsamen Unterricht geht.

Förderung

3.2 Jahrgangsstufen 7 und 8

Die Mehrzahl der Schülerinnen und Schüler steht spätestens
von den Jahrgangsstufen 7 und 8 an in der schwierigen
Phase, in der die Jugendlichen sich mit dem Prozeß der sexu-
ellen Reifung und dem geschlechtsspezifischen Rollenverständnis auseinandersetzen müssen. Sie empfinden die Spannung, nicht mehr Kinder und noch nicht Erwachsene zu sein
und suchen nach Orientierungsmustern. Sie wollen ihren
Lebens- und Entscheidungsspielraum erweitern und versuchen, ihre Stellung in der Familie neu zu bestimmen oder sich
bereits mehr oder minder deutlich von der Familie zu lösen. Sie
wollen ihre Individualität finden bzw. entwickeln und sind mei-
stens zugleich stark an ihre Altersgruppe gebunden. Sie nehmen vielfach kritisch zur Schule und zu ihrer bisherigen Schü-
lerrolle Stellung. Sie sind einem oft verwirrend vielfältigen Kon-
sum- und Freizeitangebot ausgesetzt.

*Erweiterung des
Entscheidungs-
spielraums*

Diese komplexe psychische Situation bringt oft Lernmotiva-
tionsprobleme und weitere Schwierigkeiten in der Einstellung
zur Schule mit sich. Sie öffnet der Schule aber auch neue
Möglichkeiten, wenn Lehrerinnen und Lehrer die jungen Menschen in ihrer Entwicklungssituation verstehen und akzeptieren, indem sie die Probleme und Interessen der Schülerinnen
und Schüler in ihren Unterricht einbeziehen und sie in zunehmendem Maße an der Planung und Gestaltung der Themen,
der Lehr- und Lernformen und des Schullebens beteiligen.

Um die weitere Herausbildung und Erprobung individueller
Interessen- und Leistungsschwerpunkte zu ermöglichen, wird
der gemeinsame Unterricht im Klassenverband ab Klasse 7
durch Unterricht in Kursgruppen ergänzt.

Im gemeinsamen Unterricht wie im Kursunterricht werden die
den Schülerinnen und Schülern aus der Erprobungsstufe

bekannten Unterrichtsformen, insbesondere auch die der inneren Differenzierung und der fachspezifischen Arbeitsweisen, fortgesetzt und weiterentwickelt.

Im **Wahlpflichtunterricht** erhalten die Schülerinnen und Schüler ein möglichst breites Angebot, damit sie die Gelegenheit wahrnehmen können, ihre individuellen Interessen zu entwickeln und zu erproben, eine persönliche Schwerpunktbildung vorzunehmen oder zusätzliche Projekte durchzuführen.

In Englisch und Mathematik wird der Unterricht in zwei Niveaus differenziert. Beide Kurse **(Grund- und Erweiterungskurs)** haben gemeinsame, verbindliche Ziele, Themen und Lehrgänge; im Erweiterungskurs werden darüber hinaus zusätzliche Anforderungen an die Schülerinnen und Schüler gestellt. Die Lehrpläne enthalten Hinweise zur angemessenen Einführung der Fachleistungsdifferenzierung in Jahrgangsstufe 7.

Im Rahmen des Lernbereichs **Arbeitslehre und in dem neuen Aufgabenkomplex der informations- und kommunikationstechnologischen Grundbildung** erfahren Schülerinnen und Schüler neue Zugänge zur Erschließung der Lebenswirklichkeit. Dadurch sollen sie schrittweise differenzierte Zusammenhänge und Wechselwirkungen zwischen wirtschaftlichen, technischen und sozialen Prozessen und Einrichtungen erkennen sowie persönliche und soziale Verantwortung für die Mitgestaltung dieser Bereiche und ihrer Beziehungen zueinander entwickeln können. Diese Aufgabe ist aber nur zu bewältigen, wenn Beziehungen zwischen der Arbeitslehre und anderen Fächern/Lernbereichen hergestellt werden und wenn die in mehreren Fächern/Lernbereichen angesiedelte informations- und kommunikationstechnologische Grundbildung auf umfassendere gesellschaftliche, politische, ethische Zusammenhänge bezogen wird.

3.3 Jahrgangsstufen 9 und 10

Individuelle Gestaltung der Lernprozesse und Profilbildung

In den Jahrgangsstufen 9 und 10 fallen für Schülerinnen und Schüler bedeutsame Entscheidungen hinsichtlich ihres Schulabschlusses, der möglichen Berufsausbildung bzw. des weiteren Schulbesuchs in Schulen der Sekundarstufe II.

Dies erfordert eine verstärkte Beratung über mögliche Abschlüsse und die damit verbundenen Berechtigungen, einen intensiven Prozeß der Berufswahlvorbereitung sowie die Unterstützung des angestrebten Abschlusses durch entsprechende schulische Maßnahmen, aber auch eine erweiterte alters- und interessenbezogene Mitwirkung an der Gestaltung der schulischen Lernprozesse.

Zur Profilbildung in den Jahrgangsstufen 9 und 10 tragen insbesondere die Fachleistungskurse, der Wahlpflichtunterricht, der Verstärkungsunterricht, die Wahlmöglichkeit im musischen Bereich sowie die beiden Formen der Jahrgangsstufe 10 bei.

In der Jahrgangsstufe 9 wird der Unterricht in Englisch und Mathematik auf zwei Niveaus **(Grund- und Erweiterungskurs)** differenziert fortgeführt.

Der **Wahlpflichtunterricht** in den Jahrgangsstufen 9 und 10 enthält Angebote aus den Lernbereichen Arbeitslehre und Naturwissenschaften.

Der **Verstärkungsunterricht** in der Jahrgangsstufe 9 und der Klasse 10 Typ B gibt den Schülerinnen und Schülern die Möglichkeit, ihre Befähigungen in den Fächern Deutsch, Englisch und Mathematik weiter auszubauen. In Klasse 10 Typ B kommt der Förderung der Schülerinnen und Schüler, die in Klasse 9 einen Grundkurs besucht haben, besondere Bedeutung zu.

Im Lernbereich Kunst/Musik/Textilgestaltung können die Schülerinnen und Schüler jeweils eine **Wahl** zwischen unterschiedlichen Angeboten treffen.

Der Unterricht führt über den Hauptschulabschluß in der Jahrgangsstufe 9 zu den unterschiedlichen Abschlüssen und Berechtigungen der Sekundarstufe I.

In der Jahrgangsstufe 10 gibt es **zwei Abschlußprofile,** Typ A und Typ B. Typ A führt zum Sekundarabschluß I – Hauptschulabschluß nach Klasse 10 –, Typ B zum Sekundarabschluß I – Fachoberschulreife – (ggf. mit Qualifikationsvermerk).

Für das Abschlußprofil der Klasse 10 Typ A sind neben den Fächern Deutsch und Mathematik die Lernbereiche Arbeitslehre und Naturwissenschaften von besonderem Gewicht, für das Abschlußprofil der Klasse 10 Typ B die Fächer Deutsch, Englisch und Mathematik.

4. Schulleben

Die Schule ist für ihre Schülerinnen und Schüler ein Teil ihres Lebens, ist Begegnung mit anderen in der Schule und im außerschulischen Umfeld. Schulleben vollzieht sich im Unterricht und in schulischen Aktivitäten, die über den Unterricht hinausgehen. Schulleben bedeutet somit, daß sich unterrichtliche und außerunterrichtliche Aktivitäten gegenseitig ergänzen, wobei der Zusammenarbeit mit den Erziehungsberechtigten ein besonderer Stellenwert zukommt. Indem sich die Schule auch als Lebens- und Erfahrungsraum versteht, ermöglicht sie

Lebensraum/
Erfahrungsraum

ihren Schülerinnen und Schülern durch ein vielgestaltiges Schulleben entsprechende Erfahrungen in praktischen, naturwissenschaftlichen, musischen, sportlichen, künstlerisch-gestalterischen und sozialen Feldern.

Es ist daher wichtig, daß den Schülerinnen und Schülern Möglichkeiten eröffnet werden, das Leben in der Schule – z. B. die Gestaltung des Klassenraums, Ausstellungen, Podiumsdiskussionen, Wanderungen und Klassenfahrten, naturpflegerische Aktivitäten, sportliche und kulturelle Veranstaltungen, Tage der offenen Tür, Gottesdienste, religiöse Freizeiten, Feste und Feiern – mitzuplanen und mitzugestalten.

5. Schulprogramm

Jede Schule sollte sich – im Rahmen des Bildungsauftrages – mit den konkreten Lebens- und Lernbedingungen der Schülerinnen und Schüler am jeweiligen Ort bzw. in der jeweiligen Region auseinandersetzen und die spezifischen Erfahrungsmöglichkeiten ermitteln und nutzen, die die besonderen Gegebenheiten der Schule, das schulische Umfeld und der Heimatraum bieten, um ein charakteristisches Schulprogramm erarbeiten zu können.

Elemente des Schulprogramms

Bei der Entwicklung eines Schulprogramms können berücksichtigt werden:

– die **pädagogischen Traditionen** einer Schule, wie sie etwa in regelmäßigen Veranstaltungen (Schulfeiern, Theater, Projektwochen, Freizeiten, Schullandheimaufenthalte, religiöse Feste und Feiern...), im politisch-sozialen Engagement (Umweltschutz-Aktivitäten, Patenschaften für 3. Welt-Schulen...), aber auch in einem besonderen pädagogischen Schwerpunkt sichtbar werden;

– die **spezifischen Bedingungen** der Schülerinnen und Schüler selbst, die kulturellen Traditionen des Heimatraumes – auch der von Schülerinnen und Schülern unterschiedlicher ethnischer Herkunft – sowie die besonderen Lebensbedingungen und -perspektiven der Geschlechter;

– die **pädagogisch-organisatorischen Möglichkeiten und Angebote** der Schule selbst, also besondere Formen und Inhalte des Unterrichts, vor allem des Wahlpflichtunterrichts, der Verkehrserziehung, des Epochenunterrichts, der Wahl von Sportbereichen und Sportarten, der freiwilligen Arbeitsgemeinschaften, des Erweiterten Bildungsangebots, aber auch Ausstellungen, Aufführungen, Sport- und Spielfeste und sonstige Veranstaltungen;

– die **Möglichkeiten der Zusammenarbeit** mit den Erziehungsberechtigten, mit dem kulturellen, sportlichen, sozialen, wirtschaftlichen, politischen Umfeld, mit Institutionen, Kirchen, Behörden und Personen, die mit dazu beitragen können, daß schulisches Lernen sich gegenüber der Umwelt stärker öffnet und auch außerschulische Lernorte mitberücksichtigt.

Die Entwicklung des Schulprogramms ist somit als der gemeinsame Prozeß aller an Schule Beteiligten zu verstehen, der Schule ein „eigenes Gesicht" zu geben und auch dadurch die pädagogische Grundorientierung und die gemeinsame Verantwortung der Lehrerinnen, Lehrer und Erziehungsberechtigten widerzuspiegeln.

Das Schulprogramm ist keine unveränderbare Größe. Um es vor Erstarrung zu bewahren, bedarf es der fortlaufenden Überprüfung, der Anpassung an neue Sachverhalte sowie der kreativen Fortentwicklung und Verbesserung.

Geschichte–Politik

**Erläuterungen
zum Lernbereich Gesellschaftslehre**

Inhalt

Aufgaben und Ziele des Lernbereichs Gesellschaftslehre

1. Die Fächer des Lernbereichs Gesellschaftslehre

Der Lernbereich Gesellschaftslehre besteht aus den Fächern Geschichte-Politik und Erdkunde. In den Jahrgangsstufen 5 und 6 sind auch die Fächer Wirtschaft und Hauswirtschaft Bestandteil dieses Lernbereichs. Diese Fächer werden gemeinsam mit Technik von Klasse 7 an als Lernbereich Arbeitslehre weitergeführt.

Die Zusammenfassung zu einem gemeinsamen Lernbereich bedeutet und ermöglicht eine formale und inhaltliche Koordination von Unterricht und Erziehung. Sie bedeutet aber zugleich, daß fachspezifische Lernprozesse stattfinden sollen. Keines der zum Lernbereich gehörenden Fächer kann durch ein anderes ersetzt werden.

Aufgaben und Ziele des Unterrichts im Lernbereich Gesellschaftslehre der Hauptschule beziehen sich auf die **individuelle und gesellschaftliche Lebenssituation** von Schülerinnen und Schülern in Gegenwart und Zukunft. Sie berücksichtigen sowohl ihr Bedürfnis nach personaler Identität, ihr Interesse an Mit- und Selbstbestimmung in einer komplexen gesellschaftlichen Wirklichkeit als auch ihre Verantwortung für deren künftige Gestaltung. Sie zielen in der Tradition der Aufklärung auf Emanzipation als „Heraustreten des Menschen aus selbstverschuldeter Unmündigkeit".

Die Fähigkeit, Mitbestimmung zu üben und Verantwortung zu übernehmen, darf nicht formal verstanden werden. Schon Schülerinnen und Schüler müssen prüfen lernen, **wofür** sie Verantwortung übernehmen sollen und können.

Der Unterricht im Lernbereich Gesellschaftslehre ist gebunden an das Interesse einer **demokratisch verfaßten Gesellschaft** an politisch mündigen und handlungsfähigen Bürgerinnen und Bürgern. Er vermittelt Erkenntnisse und bewirkt Verhaltensdispositionen, die für politisch-gesellschaftliches Handeln konstitutiv sind. Er orientiert sich an den Erkenntnisinteressen der gegenwärtigen Gesellschaft, ihrem Wertesystem und ihren Erwartungen an die Zukunft. Er leistet einen Beitrag zur Lösung von Problemen und zur Bewältigung von Aufgaben, die die Grundlagen des menschlichen Lebens und des gesellschaftlichen Zusammenlebens betreffen.

Der Lernbereich Gesellschaftslehre leistet in Abstimmung mit anderen Fächern und Lernbereichen auch seinen Beitrag zur informations- und kommunikationstechnologischen Grundbildung.

Jedes der Fächer hat seinen spezifischen Anteil und Auftrag innerhalb des Lernbereichs:
- der Politikunterricht durch seine Frage nach den gesellschaftlichen Strukturen und den Mustern politischen Handelns in Vergangenheit, Gegenwart und Zukunft, durch die Vermittlung von Fähigkeiten zur Teilnahme am politischen Leben,
- der Geschichtsunterricht durch seine Frage nach den Kategorien individueller und gesellschaftlicher Erkenntnis in ihren zeitlichen Bezügen,
- der Erdkundeunterricht durch seine Frage nach den Kategorien individueller und gesellschaftlicher Existenz in ihren räumlichen Bezügen,
- der Unterricht im Fach Hauswirtschaft durch seine Fragen nach den physischen, psychischen und sozialen Bedürfnissen von Individuen sowie nach den grundle-

genden Leistungen des Haushalts und durch die Vermittlung von Fähigkeiten und Fertigkeiten für eine bedürfnisgerechte Lebensgestaltung,

- der Unterricht im Fach Wirtschaft durch seine Frage nach wirtschaftlichen Grundsachverhalten und Vorgängen sowie deren Auswirkungen auf den persönlichen Lebensbereich und die Gesellschaft und durch die Vermittlung von Fähigkeiten zum Aufbau eines sozial und ökologisch verantwortlichen ökonomischen Handelns.

Die organisatorische und inhaltliche Gestaltung des Unterrichts im Lernbereich Gesellschaftslehre soll einer Isolierung seiner Einzelfächer entgegenwirken.

Die Fächer Hauswirtschaft und Wirtschaft des Lernbereichs Arbeitslehre werden in den Jahrgangsstufen 5 und 6 vom Lernbereich Gesellschaftslehre wahrgenommen. Entsprechende Hinweise zur Gestaltung des Unterrichts finden sich jeweils im Anhang der Lehrpläne des Lernbereichs Gesellschaftslehre.

2. Prinzipien des Lernens und Lehrens im Lernbereich Gesellschaftslehre

Die Richtlinien für die Hauptschule machen vier Prinzipien für die Unterrichtsarbeit verbindlich:
- Erfahrungsorientierung
- Wissenschaftsorientierung
- Handlungsorientierung
- Gegenwarts- und Zukunftsorientierung.

2.1 Erfahrungsorientierung

Lernen und Lehren im Lernbereich Gesellschaftslehre gehen von den lebensgeschichtlichen und alltagsweltlichen Erfahrungen der Schülerinnen und Schüler aus. Diese Erfahrungen sind von doppelter Bedeutung:

Einerseits sind die Schülerinnen und Schüler Zielgruppe des Unterrichts und der Qualifikationsbemühungen von Schule. Zentrales Anliegen der Schule ist es, die Bewältigung von komplexen Lebenssituationen zu ermöglichen.

Andererseits sind Schülerinnen und Schüler auch Subjekte des Unterrichts. Sie nehmen das Lernangebot der Schule mit ihrer je individuell bereits erworbenen Kompetenz auf, formen es um und wenden es an. Besondere Bedeutung für das Lernen im Lernbereich Gesellschaftslehre haben gesellschaftliche Situationen, die die Schüler und Schülerinnen aus eigener Erfahrung kennen. Besondere Bedeutung haben auch gesellschaftliche Probleme, die sich auf ihr Leben beziehen. Hier begegnen sich Ziele gesellschaftlicher und individueller Qualifikation.

Erfahrungsorientierung im Lernbereich Gesellschaftslehre bedeutet immer eine Verknüpfung von individuellem Leben und Lebensnähe mit Aufklärung über weltweite, historische, räumliche, ökonomische und gesellschaftliche Prozesse. Sie sichert die Balance von Identität und Emanzipation.

Menschen benötigen für die Entwicklung ihrer Identität Aufklärung über ihre Herkunft, über die Geschichte ihrer Familie, ihres Wohnorts, ihrer Schicht, ihres Geschlechts oder anderer Bezugsgemeinschaften, zu denen sie gehören. Dazu zählen auch die ökonomischen Bedingungen, unter denen sich diese Geschichte vollzieht. Sie benötigen Informationen über die sie umgebende soziale und räumliche Umwelt und die aus aller Welt in ihre Lebensumwelt einwirkenden Kräfte.

Zugleich benötigen sie ebenso notwendig Informationen über das Leben und die Sichtweisen anderer Menschen in Raum und Zeit. Erst in der Begegnung mit dem Anderssein in seiner historischen und räumlichen Vielfalt kann sich das Individuum als etwas Einmaliges und Unverwechselbares erleben. Es lernt, die Bedürfnisse und Interessen der anderen mit seinen eigenen in Beziehung zu setzen und die Berechtigung der Bedürfnisse und Interessen anderer anzuerkennen.

Die methodisch bewußte Auseinandersetzung mit dem Fremdem oder Vergangenem erlaubt, vorhandene – eigene oder fremde – Identität als lebensfähige mögliche Alternative wahrzunehmen, die akzeptiert oder abgelehnt werden kann.

Diese Auseinandersetzung muß und kann methodisch so abgesichert und geübt werden, daß Mündigkeit für die Bewältigung gesellschaftlicher und individueller Lebenssituationen entstehen kann.

2.2 Wissenschaftsorientierung

Lernen und Lehren im Lernbereich Gesellschaftslehre orientieren sich insoweit an den Methoden und Erkenntnissen ihrer Bezugswissenschaften, als diese dazu beitragen, Lebenswirklichkeit durchschaubar zu machen und Handlungsfähigkeit zu fördern. Wissenschaftsorientierung in der Hauptschule bedeutet aber nicht die Abbildung der jeweiligen wissenschaftlichen Bezugsdisziplinen.

Curricular sichern die Fächer die Wissenschaftsorientierung, indem sie den Unterricht auf fachlich kategoriale Erkenntnisse und Einsichten konzentrieren, das Grundlegende der fachlichen Methoden bekannt machen und an sie im praktischen Üben heranführen, sowie Gegenstandsbereiche thematisieren, die fachlich bedeutsam sind.

Mit der Rückbindung des Unterrichts in den Fächern des Lernbereichs an fachliche Methoden soll den Schülern und Schülerinnen dazu verholfen werden, planvoll, reflektiert und kritisch gesellschaftliche Wirklichkeit wahrzunehmen, zu untersuchen und zu beurteilen.

Die Schüler und Schülerinnen müssen lernen, über richtiges und angemessenes Fragen historische, politische, geographische oder wirtschaftliche Bereiche zu erarbeiten. Sie müssen lernen, genau zu beschreiben, was sie wissen wollen, und erfahren, daß wissenschaftliches Forschen auch an Grenzen stößt. Sie müssen sodann lernen, auf die Suche nach historischen Quellen oder räumlichen Merkmalen, Orientierungspunkten oder topographischen Erscheinungen zu gehen, die zur Beantwortung oder Vertiefung der gestellten Fragen beitragen können. Schließlich müssen sie angeleitet werden, kritisch mit ihren Befunden umzugehen.

Der Unterricht in Gesellschaftslehre hat sich auf fachlich bedeutsame Gegenstandsbereiche zu konzentrieren. Die Schüler und Schülerinnen sollen dabei an solche Gegenstände herangeführt werden, die etwas zur Entwicklung und Entfaltung ihrer

Identität, ihrer allgemeinen Urteils- und Handlungsfähigkeit sowie ihrer Fähigkeit zur Selbstbestimmung beitragen können. Das sind Gegenstände, die zur Lebenswelt der Lernenden gehören, oder die mit ihr in bedeutsamer Weise in Verbindung gebracht werden können.

2.3 Handlungsorientierung

Lernen und Lehren im Lernbereich Gesellschaftslehre nutzen die vielfältigen Möglichkeiten, die in handlungsorientierten Zugriffen auf Wirklichkeit liegen:

Handlungsorientierung bestimmt die Methoden des Lernens, die auf Selbsttätigkeit und Verstehen zielen.

Der Unterricht im Lernbereich Gesellschaftslehre soll die Schüler und Schülerinnen veranlassen und befähigen, gesellschaftliche Phänomene und Probleme ihrer eigenen Lebensumwelt wahrzunehmen. Der Unterricht soll die Schüler und Schülerinnen auch befähigen, in selbständiger Tätigkeit Untersuchungen durchzuführen und die gewonnenen Ergebnisse zu deuten und zu beurteilen. Schließlich hat er den Schülern und Schülerinnen Handlungsmöglichkeiten aufzuzeigen sowie Fähigkeiten und Fertigkeiten zu vermitteln, mit deren Hilfe sie selbst an der praktischen Lösung der entdeckten und erforschten Phänomene, Probleme und Problemzusammenhänge mitwirken können.

Um forschend-entdeckendes Lernen zu ermöglichen, sollte der Unterricht im Lernbereich Gesellschaftslehre phasenweise aus dem gewohnten organisatorischen Rahmen von Schule heraustreten. Dabei kann es sinnvoll und notwendig sein, fächerübergreifend und projektorientiert zu arbeiten, außerhalb des Schulgebäudes zu unterrichten und den Stundenplan für eine gewisse Zeit außer Kraft zu setzen.

2.4 Gegenwarts- und Zukunftsorientierung

Die Zukunft der Erde hängt wesentlich davon ab, wie weit es gegenwärtigen und künftigen Generationen gelingt, ihrer Verantwortung für die Erhaltung der Lebensgrundlagen und des Friedens gerecht zu werden. Einsicht in die Bedingungen unserer sozialen, ökologischen, ökonomischen und politischen Existenz, persönliche Betroffenheit jedes einzelnen sowie die Suche nach zukunftsorientierten Problemlösungen sind zentrale Ziele des Unterrichts im Lernbereich Gesellschaftslehre.

Gegenwarts- und Zukunftsorientierung heißt Orientierung an grundlegenden gesellschaftlichen Problemen. Nuklearer Rüstungswettlauf und regionale Kriege rund um die Welt, Umweltzerstörung und zügelloser Verbrauch der natürlichen Ressourcen sowie die Suche nach Weltfrieden und vernünftiger Ökologie verweisen auf die gegenwärtig wohl wichtigsten Problembereiche. Sie lösen Betroffenheit aus, verweisen auf menschliche Grunderfahrungen wie Angst oder Ohnmacht, aber sie setzen auch Hoffnung frei und können zum Motor politischen und sozialen Handelns werden. Dies macht didaktisch ihre große Bedeutung aus.

Eine Definition gesellschaftlich bedeutsamer Problembereiche ist einem ständigen Wandel unterworfen. Aber für eine begrenzte zeitliche Geltung können gesellschaftliche Gegenwartsprobleme und Zukunftsaufgaben von besonderer didaktischer Bedeutung konsensfähig benannt werden.

Die Schule hat Schülerinnen und Schülern die Einsicht zu vermitteln, daß alle Menschen Mitverantwortung haben für

- den Frieden als individuelle und globale Aufgabe (1)*
- die Erhaltung der natürlichen Lebensgrundlagen (2)
- den Ausgleich von Benachteiligungen von Menschen, Gesellschaften und Völkern (3)
- das Selbstbestimmungsrecht der Individuen und Völker (4)
- das Streben von Individuen und Völkern nach kultureller Identität (5)
- den Erhalt bzw. das Streben nach Humanität in einer sich wandelnden Berufs- und Arbeitswelt (6)
- das Recht des Menschen auf soziale, wirtschaftliche und politische Partizipation (7)
- die Gestaltung der Beziehungen zwischen den Menschen, Gruppen und Völkern (8)
- eine selbstbestimmte, verantwortliche Rollen- und Aufgabenverteilung zwischen Frauen und Männern als Individuen und soziale Wesen in Familie, Beruf und Gesellschaft (9)
- die Gewährleistung und Wahrung der Menschenrechte (10).

Es ist Aufgabe des Unterrichts im Lernbereich Gesellschaftslehre, diese Grundfragen der Gesellschaft ins Bewußtsein zu rücken und über sie Problemlösungskompetenz aufzubauen.

Der Fachunterricht nimmt diese **Schlüsselprobleme** als verbindliche didaktische Regulative bei der Ermittlung von Unterrichtsinhalten und bei der Formulierung von fachspezifischen Qualifikationen auf.

3. Projektunterricht

Der Unterricht im Lernbereich Gesellschaftslehre findet als Fachunterricht in Geschichte-Politik und Erdkunde statt – in der Jahrgangsstufe 5 und 6 auch als Unterricht der Fächer Wirtschaft und Hauswirtschaft. Gesellschaft, gesellschaftliches Leben und gesellschaftliche Probleme als gemeinsame Gegenstände der Fächer erfordern zugleich interdisziplinäre Betrachtungs- und Arbeitsweisen. Der fächerübergreifende Unterricht ist deshalb ebenso notwendig wie das fachlich spezifizierte Herangehen an die Gegenstände des Lernbereichs.

Das Lernen in Projekten und projektorientierte Verfahren bieten die beste Möglichkeit, Fachspezifik und Interdisziplinarität als sich gegenseitig ergänzende und optimierende Prinzipien miteinander zu verbinden. Dabei sollte auch die Kooperation mit Fächern anderer Lernbereiche angestrebt werden. Projektunterricht kann darüber hinaus eines der Medien sein, in welchen sich die Gemeinwesenorientierung der Schule verwirklicht.

---

* Durch die Numerierung der Gegenwartsprobleme und Zukunftsaufgaben (Schlüsselprobleme) wird die Orientierung im Lehrplan Geschichte-Politik, Kapitel 9, erleichtert.

Lehrplan Geschichte–Politik

Mitglieder der Lehrplankommission:

Wolfgang Engels, Herdecke
Werner Fornasier, Arnsberg (Vorsitz)
Gertrud Hoster, Bonn
Dr. Hanna Paul-Calm, Bonn
Horst Quarz, Hüllhorst
Eberhard Renner, Sprockhövel
Gerhard Stein, Recklinghausen
Prof. Dr. Hans Süßmuth, Düsseldorf (wiss. Berater)

Fachliche und organisatorische Betreuung:

Landesinstitut für Schule und Weiterbildung, Soest
Dr. Klaus Gebauer
Hans Schäfer
Dr. Jutta Stehling

Inhalt

1. Aufgaben und Ziele des Faches Geschichte-Politik

Die Aufgaben und Ziele von Geschichte-Politik werden wesentlich von den allgemeinen Zielsetzungen des Lernbereichs Gesellschaftslehre her bestimmt. Das Fach Geschichte-Politik orientiert sich dabei an den didaktischen Erfordernissen historischen Lernens und an der Konzeption politischen Lernens, wie sie in den Richtlinien für den Politikunterricht (3. Auflage) verbindlich für alle Schulformen der Sekundarstufe I entworfen sind. Im Rahmen des Lernbereichs koordiniert es seine Inhalte, dort wo dies sinnvoll ist, mit dem Fach Erdkunde sowie besonders in den Jahrgangsstufen 5 und 6 mit den Fächern Wirtschaft und Hauswirtschaft, (Hinweise zu Zielen und Inhalten dieser Fächer vgl. Anhang).

Grundlegende Determinanten für die Ziele und Inhalte von Geschichte-Politik sind die Normen und Werte einer demokratisch verfaßten Gesellschaft, die gesellschaftlichen Interessen der Schülerinnen und Schüler, sowie die Wahrheits- und Gültigkeitskriterien der Wissenschaft.

Unter Rückbindung an diese allgemeinen Voraussetzungen hat der Unterricht im Fach Geschichte-Politik Aufgaben zu erfüllen, die mehr oder weniger aufeinander bezogen sind, sich ergänzen oder auch aus pädagogischen Gründen bewußt kontrastiv zueinander stehen können. Der Unterricht im Fach Geschichte-Politik hat die Aufgabe, die Schüler und Schülerinnen
- bei der Entwicklung ihrer Identität zu unterstützen (Identität)
- bei der Entwicklung einer politischen Urteils- und Handlungskompetenz zu unterstützen (Politische Urteils- und Handlungskompetenz)
- zu soliden Kenntnissen und wissenschaftsorientiertem Wahrnehmen und Denken hinzuführen (Wissenschaftsorientiertes Arbeiten).

1.1 Identität

Der Unterricht muß dazu beitragen, daß die Schüler und Schülerinnen eine Identität entwickeln, die sie befähigt, die ihnen gegebenen Möglichkeiten von Individualität und Selbstbestimmung zu leben, und zugleich fähig und bereit macht, die sozialen Grundlagen dieser Möglichkeiten durch aktives gesellschaftliches Engagement zu erhalten und auszubauen. Dazu gehört es anzuerkennen, daß es Werte und Normen für das gesellschaftliche Zusammenleben geben muß. Darin ist eingeschlossen die Bereitschaft, die Gefährdung der eigenen Identität durch Widersprüche, etwa im Hinblick auf Anspruch und Wirklichkeit der eigenen Lebensperspektive auszuhalten. Darin ist auch eingeschlossen die Fähigkeit und die Bereitschaft, sich Versuchen zu widersetzen, die darauf gerichtet sind, die Entfaltung von Individualität und die Verwirklichung von Selbstbestimmung zu behindern oder zu unterdrücken. Geschichte-Politik zielt auf ein balanciertes Verhältnis von Stabilisierung individueller Identität und Kritikfähigkeit. Es liegt im Interesse der Schüler und Schülerinnen, daß sich diese Balance im Kontext demokratisch-solidarischer Verantwortung für das Leben aller Menschen vollzieht.

Der Unterricht in Geschichte-Politik soll die Schüler und Schülerinnen dazu befähigen zu erkennen, daß ihre eigene Biographie eingebettet ist in die Geschichte ihrer sozialen Gruppen, ihrer Sprach- und Kulturgemeinschaft, ihrer Gesellschaft und in die Geschichte der Menschheit. Er soll ihnen dadurch ermöglichen, sich selbst als Subjekt in einer auf sie einwirkenden Welt zu akzeptieren, aus der Gewißheit der

eigenen Herkunft Erwartungen und Wünsche an ihr Leben zu stellen, selbstbe-
stimmt realistische Lebensziele zu setzen sowie ihre gesellschaftlichen Interessen
zu artikulieren.

1.2 Politische Urteils- und Handlungskompetenz

Der Unterricht in Geschichte-Politik muß dazu beitragen, die Schüler und Schülerinnen zu selbstbestimmtem und verantwortungsbewußtem Handeln zu führen.

Die Schüler und Schülerinnen müssen lernen, Diskussionen zu führen, sich demo-
kratische Verfahrensregeln zu geben und diese einzuhalten; sie sollen lernen,
Anträge zu stellen, Kompromisse zu schließen, Beschlüsse zu fassen, Mehrheitsent-
scheidungen zu akzeptieren, sich für Minderheitenschutz zu engagieren, Beschluß-
lagen anzuerkennen, Beschlußkontrolle zu üben und Mandate wahrzunehmen.

1.3 Wissenschaftsorientiertes Arbeiten

Der Unterricht in Geschichte-Politik soll die Schüler und Schülerinnen zu methodisch
reflektiertem und reflektierendem Wahrnehmen, Denken und Handeln anleiten. Er
soll dazu hinführen, eigene und fremde subjektive Wahrnehmungen und Erfahrungen zu allgemein gültigen Erkenntnissen und Einsichten zu verarbeiten. Der Unterricht wird dies nicht erreichen, wenn er Fragestellungen und Gegenstände der
Geschichtswissenschaft und Sozialwissenschaften lediglich vereinfachend abbildet.
Er muß vielmehr den wissenschaftlichen Kern dieser Disziplinen im Schulfach
sicherstellen. Er muß Kategorien, Strukturbegriffe und Methoden bereitstellen, über
die der Transfer vom Subjektiven zum Intersubjektivem ermöglicht werden kann.

In diesem Sinne hat dann eine vorrangig an Kategorien, Strukturbegriffen und
Methoden ausgerichtete Wissenschaftsorientierung emanzipatorische Funktion:
Schülerinnen und Schüler werden nicht auf scheinbar unabänderliche Muster fest-
gelegt, sondern werden fähig, sich kognitiv und emotional immer wieder auf neue
Lebenssituationen einzustellen.

1.3.1 Kategorien und Strukturbegriffe

Historisch-politische Kategorien und Strukturbegriffe sollen in den Unterricht
Geschichte-Politik als fundamentale Deutungsmuster für historische und politische
Erfahrung eingehen. Der Unterricht soll den Schülerinnen und Schülern ermöglichen, eine Verbindung herzustellen zwischen der Gesellschaft, ihrer Geschichte
und ihrer Politik einerseits und dem eigenen Leben andererseits. Die allgemeine Geltung von Kategorien und Strukturbegriffen macht es möglich, die subjektive Wahrnehmung, Erfahrung und Betroffenheit der Schüler und Schülerinnen mit den historischen Ereignissen, Situationen und Personen sowie mit der je besonderen Aktualität politisch-gesellschaftlicher Prozesse und Erscheinungen zu verbinden.

Kategorien und Strukturbegriffe können den Schülern und Schülerinnen dazu verhelfen, gesellschaftliche und historische Probleme
– systematisch wahrzunehmen und zu analysieren,
– nach überprüfbaren Kriterien zu beurteilen,
– zielbewußt durch rationale Entscheidungsbereitschaft und effiziente Aktionsfor-
  men gemeinsam mit anderen einer Lösung näherzubringen.

Aus der Perspektive allgemeinen gesellschaftlichen Lernens soll sich der Unterricht auf die folgenden Kategorien und Strukturbegriffe konzentrieren:
- Zeit
- Raum
- Erleben und Erleiden
- Handeln
- Situation
- Schicht/Klasse/Stand
- Geschlecht.

Aus der Perspektive der Geschichte soll sich der Unterricht auf die folgenden Kategorien und Strukturbegriffe konzentrieren:
- Aktualität/Wandel/Dauer, Epochalität
- Historische Kausalität
- Gleichzeitigkeit des Ungleichzeitigen
- Kontinuität/Diskontinuität, Prozeß
- Territorialität und Universalität historischer Prozesse
- Perspektivität (epochenspezifisch, interessengeleitet)
- Diskrepanz von menschlicher Intention und historischem Ergebnis, („die Macht der Verhältnisse")
- Lebensgeschichte/Sozialisation und Alltag.

Aus der Perspektive der Sozialwissenschaften soll sich der Unterricht auf die folgenden kategorialen Aspekte und Strukturbegriffe konzentrieren:
- menschliche Grundbedürfnisse
- Recht/politische Ordnung
- Macht und Machtverhältnisse (Herrschaft)
- Konflikt/Opposition/Widerstand
- Freiheit/Unfreiheit, Menschenwürde
- Interesse/Ideologie/Kritik
- Partizipation/Kompromiß/Koalition
- Solidarität und Toleranz.

Historische und sozialwissenschaftliche Kategorien gehen ineinander über, weil sie aus derselben gesellschaftlichen Wirklichkeit gewonnen sind und auf dieselbe gesellschaftliche Wirklichkeit zurückwirken. Die ausgewählten Aspekte und Begriffe sollen Ziele und Inhalte des Unterrichts in Geschichte-Politik in angemessen gleichmäßiger Berücksichtigung strukturieren und auf den Erwerb von transferfähigem und somit handlungsrelevantem Wissen hin zuspitzen.

1.3.2 Methoden

Der Unterricht in Geschichte-Politik soll die Schüler und Schülerinnen an die wissenschaftliche Methodik seiner Bezugsdisziplinen heranführen, weil nur so ein kategoriales und strukturorientiertes Lernen möglich ist.

Aus der Perspektive der Geschichte müssen die Schüler und Schülerinnen die Bedeutung des Studiums von **Quellen** erkennen. Sie müssen lernen, kritisch mit Quellen umzugehen. Die Schüler und Schülerinnen sollen angeleitet werden, unterschiedliche Arten von Quellen bewußt als historische Zeugnisse wahrzunehmen. Sie sollten zwischen schriftlichen Quellen und Sachquellen (Münzen, Siegel etc.) unterscheiden können und den unterschiedlichen Aussagewert von Überresten vergangener Begebenheiten (Gräber, Geräte, Urkunden, Briefe etc.) sowie von Material, das eigens zum Zweck historischer Unterrichtung geschaffen worden ist (z.B. Memoiren, Geschichtserzählungen und Sagen), untersuchen können.

Der Behandlung **mündlicher Quellen** kommt eine besondere Bedeutung zu. Die Entwicklung und Pflege einer historischen Erzählkultur trägt dazu bei, daß wichtige geistige Grundlagen einer Gesellschaft von Generation zu Generation vermittelt werden. Durch diese Vermittlung können positive wie negative Erfahrungen lebendig in gegenwärtige Handlungszusammenhänge hineinwirken.

Der Unterricht in Geschichte-Politik muß die Schüler und Schülerinnen befähigen, Erzähltes aufzunehmen, zu bearbeiten und angemessen für eine historisch-politische Argumentation zu nutzen. Auf diese Weise leitet er die Schüler und Schülerinnen an, das Gespräch über die Generationen hinweg zu führen. Er kann Auffassungs- und Wahrnehmungsunterschiede deutlich und diskutierbar machen. Dabei geht es sowohl um das Aufarbeiten von Generationenkonflikten als auch darum, die historischen Erfahrungen der älteren Generationen (z.B. in der Zeit des Nationalsozialismus) zu erfragen.

Zeitgeschichtliche Befragungen ergänzen die den Jugendlichen über Literatur vermittelten Informationen von bestimmten historischen Sachverhalten, vor allem da, wo es um Alltagshandeln und Alltagserfahrungen und um regionale oder andere Besonderheiten gegenüber der Allgemeingeschichte geht. Sie vermitteln aber auch unterschiedliche Sichtweisen und Auffassungen von Geschichte und regen damit an, die Äußerungen verschiedener Gesprächspartner zu vergleichen und Übereinstimmungen und Unterschiede der Aussagen und Sichtweisen festzustellen.

Die Schüler und Schülerinnen sollen lernen, angemessen und einfühlsam zu fragen sowie gerecht und historisch zu urteilen. Sie sollen außerdem lernen, ihrerseits Geschichtliches weiterzugeben. Vor allem soll der Unterricht die Fähigkeit und Bereitschaft entwickeln und stärken, die eigenen gesellschaftlichen Erfahrungen erzählend weiterzugeben sowie mit den Erzählungen anderer zu verknüpfen. Eine Kooperation mit dem Fach Deutsch ist sinnvoll und anzustreben.

Aus der Perspektive der Sozialwissenschaften müssen die Schüler und Schülerinnen die Bedeutung von **Sprache** als einem politischen Instrument erkennen. Hier gibt es eine Vielfalt von Sprachsorten (Zeitungen, Reden, Dichtung, Kabarett etc.). Eine Koordination und Kooperation von Geschichte-Politik mit dem Fach Deutsch ist auch hier sinnvoll.

Durch Bild-, Foto- und Filmanalyse erhalten die Schüler und Schülerinnen Einsicht in die soziale und politische Wirkungsdynamik **visueller Artikulation und Rezeption** (Fernsehen, Werbung, bildende Kunst, Karikatur, etc.). Hier ist eine Kooperation mit den Fächern Kunst, Deutsch und Musik sinnvoll.

In komplexer Verbindung und Verdichtung treten Bild und Sprache in Statistiken und Graphen in Erscheinung. Die Schüler und Schülerinnen müssen Grundformen **statistischer Artikulation** kennen- und lesen lernen (Tabellen, Säulen- und Flußdiagramme etc.). Sie müssen lernen, einfache sozialwissenschaftliche Sachverhalte in statistischer Form auszudrücken. Hier sollte die Kooperation mit den Fächern Mathematik und Deutsch gesucht werden.

Die systematische **Dokumentation** von historisch-politisch bedeutsamen Materialien ist ein sozialwissenschaftlich unverzichtbares Lerngebiet (Zeitungsausschnitte, Geschichte-Politik-Heft). Die Schüler und Schülerinnen müssen lernen, kriterienbewußt und systematisch zu beobachten und ihre Beobachtungen zu dokumentieren.

Es bietet sich an, immer wieder die vielfältigen historisch-politischen Informationen, die die Schüler und Schülerinnen tagtäglich vor allem über die Massenmedien erhalten, einzubeziehen, zu untersuchen und fachlich zu bearbeiten. Die Schülerinnen und Schüler können oft mit der Fülle von Begriffen und Tatbeständen auch dann nicht umgehen, wenn es um ihre eigenen Angelegenheiten geht, weil die historisch-politische und sprachliche Komplexität dieser Tatbestände für sie zu hoch ist. Der Unterricht kann und muß hier Hilfestellung leisten.

Auch **historische Filme** können Gegenstand des Unterrichts sein. Wenn auch insbesondere die Monumentalfilme es in der Regel mit der historischen Wahrheit nicht so genau nehmen, so bauen sie doch eine historische Phantasie auf, die vielen Menschen wohltut. Vor allem die Möglichkeit der Identifikation mit Helden macht diese Filme für Schüler und Schülerinnen so attraktiv. Der Unterricht in Geschichte-Politik sollte die Motivation, die von solchen Filmen ausgeht, für die Arbeit im Fach nutzen und ihre Inhalte zugleich historisch-kritisch aufarbeiten.

Neben Filmen wie diesen gibt es wissenschaftlich begleitete historische Filme, deren Anzahl – vor allem als Serien im Fernsehen – ständig zunimmt.

Zu den für den Unterricht in Geschichte-Politik relevanten **sozialwissenschaftlichen Methoden** zählen darüber hinaus die Rollenanalyse auch durch Rollenspiel, Interview, Videodokumentation, Erkundung vor Ort und praktische Teilnahme am gesellschaftlichen Leben im Umfeld des schulischen Lernens (Schülerzeitung, Leserbriefe, Besuche von Gemeinderatssitzungen). Schließlich müssen die Schüler und Schülerinnen verschiedene Arten der Gesprächsführung lernen (Diskussion, Gesprächsleitung, Protokoll, Referat).

Auch auf der Methodenebene gehen Geschichte und Sozialwissenschaften ineinander über. Methodische und kategoriale Ebene sind stets sach- und schülergerecht aufeinander zu beziehen.

2. Qualifikationen

Aufgaben und Ziele des Unterrichts in Geschichte-Politik lassen sich unter Berücksichtigung der gesellschaftlichen Perspektive, der Interessen der Schüler und Schülerinnen und der Orientierung an den wissenschaftlichen Bezugsdisziplinen des Faches zu historischen und politisch-sozialwissenschaftlichen Qualifikationen bündeln.

2.1 Historische Qualifikationen

1. Fähigkeit zu erkennen, daß jede Generation in ihren Daseinsmöglichkeiten und ihrem Bewußtsein von jeder vorhergehenden oder nachfolgenden Generation abweicht, und Bereitschaft, heutige Wertmaßstäbe und Deutungen differenziert auf das menschliche Handeln und Verhalten in der Vergangenheit zu übertragen.

2. Fähigkeit zu erkennen, daß das Handeln der Menschen durch ihre Gegenwart und die ihr vorangegangene Vergangenheit bestimmt wird und dennoch Zukunft in noch nicht dagewesener Weise gestalten kann, sowie Bereitschaft, Zukunftsziele zu setzen und zu verfolgen.

3. Fähigkeit zu erkennen, daß Wandel und Veränderung historisch durch eine Vielzahl von Faktoren bewirkt werden können, und Bereitschaft, historischen Fragen dementsprechend kritisch nachzugehen.

4. Fähigkeit zu erkennen, daß historisches Geschehen sowohl Ausdruck von historischer Kontinuität als auch Diskontinuität sein kann.

5. Fähigkeit und Bereitschaft zu erkennen, daß Menschen Chancen haben, den Lauf der Geschichte zu beeinflussen, daß aber das Ergebnis ihrer Einflußnahme häufig nicht ihren Intentionen entspricht.

6. Fähigkeit und Bereitschaft, Lebensbedingungen und Handlungsmöglichkeiten daraufhin zu befragen, ob und inwieweit sie vom Geschlecht, von der Zugehörigkeit zu sozialen Gruppen oder anderen Faktoren abhängen.

7. Fähigkeit und Bereitschaft, sich in die Lage der am historischen Prozeß unterschiedlich beteiligten Individuen und Gruppen hineinzuversetzen.

8. Fähigkeit und Bereitschaft, die Geschichte der eigenen Region, der eigenen sozialen Gruppen und der eigenen Nation in Beziehung zur Geschichte anderer Regionen, sozialer Gruppen und Nationen zu setzen.

9. Fähigkeit und Bereitschaft, historische Vorurteile und Irrtümer über historische Sachverhalte zu erkennen und zu korrigieren.

10. Fähigkeit und Bereitschaft, trotz der Unwiederholbarkeit historischen Geschehens aus der Geschichte zu lernen.

11. Fähigkeit, das menschliche Leben als Sozialisationsprozeß zu verstehen, in welchem eine individuelle Lebensgeschichte entsteht, und Bereitschaft, als handelndes Subjekt die eigene Lebensgeschichte zum Bestandteil der allgemeinen Geschichte und die allgemeine Geschichte zum Bestandteil der eigenen Lebensgeschichte zu machen.

2.2 Politisch-sozialwissenschaftliche Qualifikationen

Verbindlich sind die hier wiedergegebenen Qualifikationen der Richtlinien für den Politik-Unterricht (3. Auflage).

1. Fähigkeit und Bereitschaft, sich in den gesellschaftlichen, politischen und wirtschaftlichen Ordnungen zu orientieren, sie einschließlich ihrer Zwänge und Herrschaftsverhältnisse nicht ungeprüft hinzunehmen, sondern sie auf ihren Sinn, ihre Zwecke und Notwendigkeiten hin zu befragen und die ihnen zugrunde liegenden Interessen, Normen und Wertvorstellungen kritisch zu prüfen.

2. Fähigkeit und Bereitschaft, die Chancen zur Einflußnahme auf gesellschaftliche Strukturen, Herrschaftsverhältnisse und Entscheidungsprozesse zu erkennen, zu nutzen und zu erweitern.

3. Fähigkeit und Bereitschaft, Kommunikation und ihre Bedingungen in Gesellschaft, Politik und Wirtschaft zu analysieren, auf Motive, Interessen und Machtgefälle zu prüfen und die Chancen zur Teilnahme zu erweitern.

4. Fähigkeit und Bereitschaft, in politischen Alternativen zu denken, Partei zu ergreifen und gegebenenfalls auch angesichts von Widerständen und persönlichen Nachteilen zu versuchen, Entscheidungen nach demokratischen Regeln zu verwirklichen.

5. Fähigkeit und Bereitschaft, sowohl eigene Rechte wahrzunehmen und eigene Interessen nach Möglichkeit solidarisch und kompromißbereit zu vertreten als auch gesellschaftliche Interessen und Interessen Benachteiligter zu erkennen und ihnen gegebenenfalls Vorrang zu geben.

6. Fähigkeit, die gesellschaftliche Funktion von Konflikten zu erkennen, und Bereitschaft, sich durch die Wahl angemessener Konzeptionen an der Austragung von Konflikten zu beteiligen.

7. Fähigkeit und Bereitschaft, eigene Glücksvorstellungen zu entwickeln, in sozialer Verantwortung wahrzunehmen sowie dies auch anderen zu ermöglichen.

8. Fähigkeit und Bereitschaft, angesichts von individuellen und gesellschaftlichen Problemen Eigeninitiative zu entwickeln und die Bedingungen für Eigeninitiativen Benachteiligter zu verbessern.

9. Fähigkeit und Bereitschaft, in unterschiedlichen sozialen Gruppen mitzuarbeiten, dabei Belastungen auszuhalten, Möglichkeiten zur Selbstverwirklichung zu nutzen und Toleranz zu üben.

10. Fähigkeit und Bereitschaft, das Lebensrecht und die Eigenständigkeit anderer Gesellschaften anzuerkennen, für eine gerechte Friedensordnung und für die Interessen benachteiligter Völker einzutreten, auch wenn dadurch Belastungen für die eigene Gesellschaft entstehen.

11. Fähigkeit und Bereitschaft, sowohl durch das eigene Verhalten als auch durch Beteiligung an gesellschaftlichen Initiativen Verantwortung für die Sicherung der Lebensbedingungen in der Zukunft mitzuübernehmen.

12. Fähigkeit zu erkennen, inwieweit Arbeit zur Existenzsicherung von Individuum und Gesellschaft notwendig ist und Grundlage für Selbstverwirklichung und politische Beteiligung sein kann, sowie Bereitschaft, sich für die Gestaltung menschenwürdiger Bedingungen von Arbeit einzusetzen.

3. Gegenstandsbereiche

Die Orientierung der Ziele und Inhalte des Unterrichts in Geschichte-Politik an den beschriebenen Aufgaben des Faches bestimmt die Fragen an die Gegenstandsbereiche des historisch-politischen Unterrichts. Die im folgenden ausgewiesenen Gegenstandsbereiche sind nur im Kontext dieser Orientierungen für den Unterricht zu konkretisieren.

Die Gegenstandsbereiche sind in etwa chronologisch und sozialwissenschaftlich systematisch vorgegeben. Die chronologische Anordnung soll Geschichte als einen fortschreitenden Prozeß auch unterrichtspraktisch erfahrbar machen. Dabei soll jedoch nicht der Eindruck eines vollständig dargestellten historischen Kontinuums entstehen. Brüche, Auslassungen, Gleichzeitigkeiten und Ungleichzeitigkeiten müssen den Schülern und Schülerinnen exemplarisch deutlich werden. Es muß verhindert werden, daß Chronologie als Ursache-Wirkung-Zusammenhang gedeutet wird.

Die sozialwissenschaftlich-systematische Ordnung besteht darin, daß der Unterricht in den Klassen 5 bis 7 eher einfache soziale Phänomene und Verhältnisse und in den folgenden Stufen eher komplexere soziale Systeme thematisiert. Die geltenden Erlasse zur historisch-politischen Bildung sind in die Gegenstandsbereiche eingegangen.

Die im Lehrplan entfalteten thematischen Einheiten, die sich auf die Gegenstandsbereiche beziehen, verweisen auf den inhaltlichen Rahmen, in dem sich die Auswahl der konkreten Unterrichtsinhalte und die Themenwahl für einzelne Unterrichtsreihen und Unterrichtsstunden bewegen soll. Es ist selbstverständlich, daß von den in den thematischen Einheiten entfalteten Inhalten nur ein Teil in den Unterricht eingehen kann.

Die folgenden Gegenstandsbereiche sind verbindlich:

1. „Spezialgebiet Faustkeile"
Urgesellschaft: technische, ökonomische und soziale Entwicklung; Eiszeit, Neolithische Revolution; Spezialisierung, Arbeitsteilung und Herrschaft; soziale und Geschlechterrollen.

2. „Herrschaft durch Wasser"
Flußkulturen: gemeinschaftliche Naturbeherrschung und -nutzung als notwendige Lebensgrundlage und Bedingung von Sozialstruktur und Herrschaft, Wissenschaft, Kunst und Religion; Großtechnologien und Neue Technologien.

3. „Tausend Jahre Römer"
Imperiale Herrschaft, Römer und Germanen; kulturelle Eigenständigkeit, Integration und Assimilation in der ‚Pax' Romana; Gegenwehr; Kulturbegegnung.

4. „Allah ist groß"
Islam: geistige und soziale Wurzeln; das Verhältnis von Religion und Politik; kulturelle Leistungen; Begegnung mit Europa und dem Christentum; Muslime in der deutschen Gesellschaft.

5. „Unser tägliches Brot"
Bauern im Mittelalter und heute:
Leben und Arbeiten, sozialer Status, Feudalismus; christliches Mittelalter; Geschlechterrollen; Bauernwiderstand; europäischer Agrarmarkt; Ökologie.

6. „Stadtluft und Freiheit"
Arbeit, Freizeit und öffentliches Leben in der Stadt im Mittelalter und heute; soziale Gruppen, Geschlechterrollen; Stadtentstehung und Stadtentwicklung; Selbstverwaltung; Landflucht/Stadtflucht; Pest, Ökologie.

7. „Kirche und Welt"
Christentum als historisch prägende gesellschaftliche Kraft; Christianisierungen; geistliche und weltliche Herrschaft, Kirche im Mittelalter; Reformation; Kirche und Staat; kulturelle und zivilisatorische Leistungen, Fehlentwicklungen; Kirchen heute.

8. „Der Weg nach Indien"
Entdeckungen, Eroberungen, Erschließung der Welt für Europa; Entfaltung der europäischen Wirtschaft und koloniale Unterdrückung; Ambivalenz von Kulturbegegnung und -zerstörung, Mission; Konsumimperialismus und Nivellierung kultureller Vielfalt in der Welt.

9. „Freiheit – Gleichheit – Brüderlichkeit"
Absolutismus und Französische Revolution: der Absolutismus in Frankreich als historische Bedingung der ‚großen' Revolution; Ausbeutung, Privilegierung, der Dritte Stand; Verlauf und Ergebnisse der Französischen Revolution; Symbol demokratischer Partizipationsbewegungen.

10. „Sein Hunger wird die Erde verzehren"
Geschichte der nordamerikanischen Urbevölkerung; Verhältnis von Mensch und Natur; Ausrottung der Indianer; Geschichte der USA; Rolle des christlichen und des rechtlich-ökonomischen Denkens; Reservate und Western-Romantik.

11. „Fortschritt"
Industrie, Mensch und Natur; Industrielle Revolution, technischer Fortschritt und soziale Not, ökonomische Expansion und kostenlose Natur; Kapitalismus/Sozialismus; Arbeiterbewegung und Unternehmertum; Neue Technologien.

12. „Heil Dir im Siegerkranz"
Nationalismus, Imperialismus, Erster Weltkrieg; die Nation als Option für Selbstbestimmung; deutscher Imperialismus; Militarismus, Heroisierung und Industrialisierung des Krieges; politische, soziale und ökonomische Ergebnisse des Weltkriegs.

13. „Nur zwölf Jahre"
Auflösung der Weimarer Republik; NS-Herrschaftssystem und faschistische Ideologie; Jugendpolitik; Rassismus, Vernichtung der Juden; Verwüstung Europas; Widerstand und Opportunismus; NS-Prozesse, rechtsextreme Tendenzen heute.

14. „Alle Staatsgewalt geht vom Volke aus"
Leben in der Demokratie (I): Verfassung und Verfassungswirklichkeit in der Bundesrepublik Deutschland und in der Deutschen Demokratischen Republik; historische Wurzeln von Grundgesetz und DDR-Verfassung: 1933-45, 1918-33, 1848, 1789; Gewaltentrennung, Föderalismus; Minderheitenschutz; Rechtsstaat, Sozialstaat, Demokratie- und Friedensgebot.

15. „Auf dem Weg zu einer Weltinnenpolitik"
Nationalstaatlichkeit und die Entwicklung internationaler Kooperation: Weltwirtschaft, UN und Völkerrecht, Wirtschaftsgemeinschaften, politische Bündnisse und Staaten; Europäische Einigung: Souveränitätsrechte, Entfaltung kultureller Vielfalt, gesellschaftliche Strukturunterschiede zwischen den Nationen.

16. „Politischer Wille in der Demokratie"
Leben in der Demokratie (II): Parteien, Verbände, Gewerkschaften und ihre Geschichte; Pluralismus; Parteien im parlamentarischen Regierungssystem; Lobbyismus und politische Willensbildung; Wahlen, Bürgerinitiativen, Gremienarbeit; Medien: Information und Manipulation.

17. „Ost-West oder West-Ost"
Ost-West-Gegensatz: Gesellschafts- und Wirtschaftssysteme der USA und der UdSSR und ihre Geschichte; von Alliierten zu Feinden, Blöcke, Wettkampf der Systeme, Hemisphären; die Teilung Deutschlands, Kommunismus und Antikommunismus, Kapitalismus und Antikapitalismus; KSZE.

18. „Leichtlohn"
Leben in der Demokratie (III): Gleichberechtigung von Frau und Mann; geschlechtsspezifische Erziehung und Arbeitsteilung; Frauen in Geschichte und Politik, Geschichte der Frauenbewegung, Frauenwahlrecht, Lohnarbeit und Hausarbeit, Frauenbildung.

19. „Arme Welt, reiche Welt"
Verteilung von Armut und Reichtum in der Welt; Kolonialismus und Imperialismus; Bevölkerungsexplosion, ökonomisch-technische Unterentwicklung, Modernitätsrückstand; Terms of Trade; ökologischer Raubbau und Kriege; Entwicklungshilfe.

20. „. . . Menschen sind gekommen"
Arbeitsmigration, migrationsrelevante historische Bedingungen der Migrationsländer; globale und internationale soziale Ungleichheit, Integration, Assimilation, Identität, Ausländerrecht, Kulturkonflikt, Fremdenfeindlichkeit, Tourismus in Migrantenländer; Asylsuchende, Spätaussiedler, Völkerwanderung..

21. „Der letzte Baum"
Umweltzerstörung und globale Ökologie: wachsende Vermüllung der Erde, wachsendes Gefahrenpotential durch geballte Energien, Verknappung lebenswichtiger Ressourcen, ökonomisches Wachstum und ökologische Zerstörung; Krieg und die Not der armen Länder; Ökologiebewegung; Verhältnis Mensch–Natur.

22. „Overkill"
Atomarer Rüstungswettlauf, Overkill; Waffenexport, Stellvertreterkriege, Militärhaushalte; Kriegs- und Zivildienst, Befehl, Gehorsam, Gewissen; Krieg als historisches Instrument der Politik; Friedensbewegung.

23. „Etwas Besseres werden"
Leben in der Demokratie (IV): Berufe und Berufsgruppen – ihre Geschichte und ihr Sozialprestige; Arbeiter und Angestellte, Standes- und Klassenbewußtsein; geschlechtsspezifische Berufswahl; Gewerkschaften und Berufsverbände – Betriebsverfassung und Mitbestimmung; Qualifikation; Arbeitslosigkeit.

Unter Beachtung der Vorgaben über Verbindlichkeit und Offenheit (7.4) können weitere Gegenstandsbereiche berücksichtigt werden:
– Griechenland, z.B. unter dem Gesichtspunkt Götter- und Sagenwelt, Mythologie,
– Völkerwanderung, z.B. unter dem Gesichtspunkt Migration,
– Europäische Geschichte im 19. Jahrhundert, z.B. unter dem Gesichtspunkt der Entstehung des modernen Europas,
– Geschichte der USA, z.B. unter dem Gesichtspunkt der Entstehung der modernen demokratischen Industriegesellschaft.

Die Reihenfolge der 23 thematischen Einheiten orientiert sich an der Chronologie und an der zunehmenden Fähigkeit der Schülerinnen und Schüler, komplexe Zusammenhänge zu verstehen. Sie ist deshalb nicht ohne weiteres zu verändern.

Eine Veränderung ist prinzipiell möglich, setzt jedoch eine entsprechende didaktische Bearbeitung voraus. So kann die Verpflichtung zur Erstellung eines standortgebundenen Lehrplans eine Veränderung begründen. Entsprechend ist die Zuordnung der thematischen Einheiten zu den Jahrgangsstufen fließend.

In den Gegenstandsbereichen und den zugehörigen Einheiten wird sehr selten auf Personen verwiesen. Gleichwohl sollten Personen als Handlungsträger von Geschichte und Politik einen angemessenen Raum im Unterricht einnehmen.

4. Aspekte der Gegenstandsbereiche

Bei der Behandlung dieser Gegenstandsbereiche sind für einen schülerorientierten Unterricht die Aspekte Alltagsgeschichte, Geschlechtergeschichte und Geschichte vor Ort von besonderer Bedeutung.

4.1 Alltagsgeschichte

Im Rahmen der Alltagsgeschichte beschäftigt sich der Unterricht in Geschichte-Politik mit Problemen von Dauer und Wandel im Bereich menschlicher Grunderfahrungen. Es geht um Geburt, Krankheit und Tod, um Glück und Leid sowie um Verhaltensweisen der Menschen in unterschiedlichen Lebensphasen und Lebenszusammenhängen, bei der Arbeit, in der Freizeit, im Privatbereich und in der Öffentlichkeit.

Diese Mikrogeschichte ist für den Unterricht in Geschichte-Politik von großer didaktischer Bedeutung:
- Ihre Thematisierung erzeugt Spannung und Betroffenheit und erleichtert den Lernenden den Zugang zu Geschichte.
- Die Erkenntnis, wie Menschen in unterschiedlichen Räumen und zu unterschiedlichen Zeiten gelebt und ihre Welt wahrgenommen haben, kann die eigene Lebens- und Wahrnehmungsweise relativieren und damit zu einer bewußteren Reflexion eigener und fremder Lebenserfahrungen führen.
- Alltagsgeschichte erleichtert die Aneigung der allgemeinen Gesellschaftsgeschichte, weil sie das konkrete Leben der Menschen thematisiert und damit abstrakte historische Prozesse als Ausdruck menschlichen Handelns und Leidens erklärbar macht.
  Die Beschäftigung mit Alltagsgeschichte darf jedoch nicht zu einer naiven konkretistischen Sammlung von Geschichten werden.
- Alltagsgeschichte als Mikrogeschichte ist immer nur als Bestandteil der allgemeinen gesellschaftlichen Geschichte möglich.
- Einer Übertragung von menschlich-individuellen Persönlichkeitsmerkmalen oder Verhaltensweisen auf Kollektive, auf Gruppen, Völker oder Staaten muß entgegengewirkt werden.

4.2 Geschlechtergeschichte

Die Notwendigkeit zu einer geschlechtsbewußten Aufarbeitung von Geschichte von Männern und Frauen ergibt sich unter anderem aus dem bis heute nicht völlig eingelösten Verfassungsgebot der Gleichberechtigung. Der Unterricht in

Geschichte-Politik hat deshalb die geschlechtsspezifische Perspektive als verbindliche didaktische Vorgabe zu berücksichtigen. Dieser Auftrag ergibt sich auch aus der allgemeinen Aufgabe von Lernbereich und Fach, den Schülern und Schülerinnen zu einer Identität zu verhelfen bei gleichzeitiger Emanzipation beider Geschlechter von nichtakzeptablen geschlechtsbedingten Zwängen.

Geschlechtsbewußtes historisches Lernen heißt,
– zu untersuchen, inwiefern vergangene und gegenwärtige Wirklichkeiten für Männer und Frauen unterschiedlich waren und sind.
– zu untersuchen, inwiefern sich Arbeitsteilung historisch geschlechtsspezifisch entwickelt hat und welche Formen der geschlechtsspezifischen Arbeitsteilung es bis heute gibt.
– geschlechtsspezifische Rollenzuweisungen generell auf ihre historische Genese und auf ihre gegenwärtigen Begründungen hin zu untersuchen.
– scheinbar geschlechtsneutrale historische Betrachtungsweisen auf ihren ideologischen Gehalt hin zu untersuchen. (Beispiel: Der Begriff des allgemeinen, gleichen Wahlrechts bezieht sich in der Frühphase des Parlamentarismus nur auf Männer).

Der Unterricht in Geschichte-Politik kann sich dieser Aufgaben durch Bearbeitung und Thematisierung folgender wissenschaftlicher Ansätze annehmen:
Thematisierung und Untersuchung
– weiblicher Beiträge zur allgemeinen Geschichte und Politik
– von Frauenbewegungen und Frauenwiderstandsformen
– von Frauenrolle und Männerrolle in der Geschichte
– von kulturellen und religiösen Sinngebungen der beiden Geschlechter.

4.3 Geschichte vor Ort

„Geschichte vor Ort" bietet eine Reihe von Anknüpfungspunkten für handlungs- und erfahrungsorientiertes, auf Gegenwart und Zukunft gerichtetes Lernen. Das Konzept hat drei Ansätze, die für historisch-politisches Lernen in der Schule bedeutsam sind:
– als Perspektivenwechsel, indem Geschichte „von unten" betrachtet wird,
– durch die Auswertung ortsnaher Quellen (z.B. in Zusammenarbeit mit Gemeinde-, Kirchen-, Werks-, Vereins-, Partei- und Zeitungsarchiven, Büchereien und Museen, Gewerkschaften und Parteien) und die Befragung von Zeitzeugen der Gemeinde oder Region
– und als ein politischer Beitrag, indem das „Geschichte machen" vor Ort zugleich ein Mitwirken beim Aufzeigen oder bei der Lösung lokaler Probleme bedeutet.
In dieses Konzept gehört auch der Schülerwettbewerb Deutsche Geschichte um den Preis des Bundespräsidenten.

„Geschichte vor Ort" erlaubt die aktive Auseinandersetzung mit der traditionellen Heimatgeschichte und ermöglicht die Mitwirkung an einer demokratischen Heimatgeschichte.

Ein zentrales Anliegen aller auf „Geschichte vor Ort" zielenden Ansätze ist die Spurensicherung. Dabei geht es sowohl darum, Spuren historischen Geschehens vor Ort zutage zu fördern als auch darum, bereits vorhandene Spuren vor der Zerstörung zu bewahren. Eine besondere Art von Spurensicherung sind dabei zeitgeschichtliche Befragungen.

5. Bedingungen des Lernens und Lehrens im Fach Geschichte-Politik

Der Unterricht muß von einer ständigen Analyse der sich im Verlauf der Lernprozesse wandelnden und entwickelnden Lernvoraussetzungen der Lerngruppe bzw. einzelner Schüler und Schülerinnen begleitet sein. Zu unterrichtsrelevanten Ergebnissen kann eine solche Analyse sowohl durch die Beobachtung des Lernverhaltens der Schüler und Schülerinnen, durch Tests oder themenbezogene Erhebungen in der Lerngruppe gelangen, als auch in selbstreflektierendem, diskursiven Verfahren durch die Lerngruppe selbst (z.B. Beteiligung der Lerngruppe an der Planung von Unterrichtsreihen oder an der Halbjahresplanung). Schließlich bezieht ein Unterricht, der den Alltag und die konkrete Lebenswelt der Lernenden thematisiert, notwendig die Erfahrungen der Schüler und Schülerinnen mit ein.

Verfahren und inhaltliches Ziel einer Analyse der konkreten Bedingungen des Lehrens und Lernens sind selbst abhängig von diesen. Sie können deshalb vom Lehrplan nicht vorgegeben werden. Verbindlich hat die Analyse jedoch allgemeine gesellschaftliche Bedingungsrahmen zu berücksichtigen. Sie muß die Bedingungen des Lehrens und Lernens in Geschichte-Politik unter fünf Gesichtspunkten reflektieren:
– Aspekt der objektiven und subjektiven Aktualität sowie des Zeitbewußtseins der Schüler und Schülerinnen
– Aspekt des Raumes, in dem die Schüler und Schülerinnen leben sowie ihres Raumbewußtseins
– Aspekt der gesellschaftlichen Schichten und des schichtenspezifischen Bewußtseins
– Aspekt der Geschlechter und des geschlechtsspezifischen Bewußtseins
– Aspekt der Kultur- und Religionszugehörigkeit, sowie der Nationalität der Schüler und Schülerinnen.

5.1 Zeitbewußtsein

Es muß berücksichtigt werden, daß es im Prinzip für jeden Schüler und für jede Schülerin eine subjektive Aktualität gibt. Was gerade geschieht und was gerade von Bedeutung ist, kann sehr unterschiedlich gesehen werden. Schüler und Schülerinnen, die bereits Lehre und Berufstätigkeit vor Augen haben, entwickeln möglicherweise eine andere Zeitperspektive als solche, die noch eine lange Schullaufbahn vor sich haben.

Die Einbeziehung von aktueller gesellschaftlicher Lebenswirklichkeit in den Unterricht ist davon ebenso betroffen, wie das Interesse an individueller und gesellschaftlicher Vergangenheit. Aktuell ist nicht unbedingt das, was in der Zeitung steht. Aktuell können z.B. Zukunftsängste sein (Arbeitslosigkeit).

Insbesondere im Hinblick auf das historische Lernen muß z.B. davon ausgegangen werden, daß die deutsche faschistische Vergangenheit von den Schülern und Schülerinnen in sehr unterschiedlicher Weise als nah oder fern zur eigenen Zeit empfunden wird.

5.2 Raumbewußtsein

Auch in räumlicher Hinsicht muß bedacht werden, daß das historisch-politische Lernen sowohl in einem objektiven als auch in einem subjektiven Raum stattfindet. Die Ziele und Inhalte des Faches Geschichte-Politik sind stets unter Berücksichtigung des Standortes der Schule für den Unterricht zu konkretisieren. Es gibt nicht „die" Hauptschule. Vielmehr wird der Unterricht in Ballungsgebieten andere inhaltliche Akzente und andere Unterrichtsverfahren wählen als in ländlichen Gebieten. Er wird in Verbindung mit dem Zeitaspekt in Regionen, die von ökonomischen Strukturproblemen betroffen sind, andere Schwerpunkte setzen als in Regionen der relativen Prosperität.

Zu beachten ist auch, daß die Schüler und Schülerinnen sehr unterschiedliche Formen von Raumbewußtsein entwickeln können. Was als Nahraum begriffen wird, ist nicht in meßbarer Entfernung beschreibbar, sondern ist wesentlich abhängig von den räumlichen Erfahrungen, die die Lernenden unvermittelt und vermittelt gemacht haben.

Es kann von Bedeutung sein, ob die Eltern einer Schülerin oder eines Schülers Auslandserfahrung (Berufstätigkeit im Ausland) haben, ob ferntouristische Reisen gemacht wurden, oder ob „nur" das Nachbardorf oder die Kreisstadt zum räumlichen Horizont zählen. Auch das Fernsehen prägt das Raumbewußtsein.

Schüler und Schülerinnen aus anderen Ländern und Kulturen zählen ihr Heimatland auch dann zum Nahraum, wenn es Tausende von Kilometern entfernt von ihrem jetzigen Lebensraum liegt. Auch hier können räumliche Orientierungsprobleme das historisch-politische Lernen wesentlich beeinflussen.

5.3 Schichtenbewußtsein

Auch beim schichtenspezifischen Bewußtsein ist zwischen objektiver und subjektiver Ebene zu unterscheiden. Ein an Identität und Emanzipation interessierter Unterricht in Geschichte-Politik wird die soziale Geschichte und die soziale Gegenwart seiner Lernenden mit der nötigen Behutsamkeit thematisieren.

Insbesondere im Hinblick auf ausländische Schüler und Schülerinnen ist diese Dimension von großer Bedeutung. Dabei muß beachtet werden, daß viele Schüler und Schülerinnen gerade in der Zeit hoher Arbeitslosigkeit und Verarmung sich der soziologischen Zugehörigkeit zu einer benachteiligten gesellschaftlichen Schicht schämen. Auch ausländische Kinder möchten nicht mit der Armut in ihrer Heimat identifiziert werden. Probleme des sozialen Status müssen daher pädagogisch sehr feinfühlig in Unterrichtsinhalte eingebracht werden.

5.4 Geschlechtsbewußtsein

Der Unterricht hat es in aller Regel mit einer historisch überkommenen Vorurteilsstruktur über die Geschlechterrollen zu tun, die den Lernenden nicht selten den Blick dafür verstellt, daß Geschichte und Gegenwart der Menschheit immer auch eine für Frauen und Männer unterschiedliche Geschichte und Gegenwart sind, und daß es für eine gemeinsame Zukunft großer Anstrengungen beider Geschlechter bedarf.

Die reale Rollenverteilung und Aufgabenzuweisung in der Lebenswirklichkeit der Schüler und Schülerinnen haben wesentliche Folgen für die Wahrnehmung von Inhalten, die der Unterricht thematisiert. Das internalisierte Rollenverständnis der Schüler und Schülerinnen und auch der Lehrer und Lehrerinnen erschwert hier das historisch-politische Lernen.

Insbesondere im Hinblick auf das Grundverständnis von Erziehung können sich geschlechtsbedingte Sichtweisen auf die Inhalte des Unterrichts in Geschichte-Politik in einer Weise auswirken, daß aufklärerische und emanzipatorische Absichten in ihr Gegenteil verkehrt werden. Gerade bei Schülern und Schülerinnen aus Kulturen, in denen die geschlechtsspezifische Arbeitsteilung und Rollenzuweisung häufig noch Bestandteil geltender traditionaler Gesellschaftsnormen sind, muß der Unterricht pädagogisch einfühlsam die Lernenden respektieren und bei dieser Gelegenheit auch die eigenen Normen kritisch befragen.

5.5 Kulturspezifisches Bewußtsein

Lebensperspektive, Zukunftsaussichten, Zeit- und Aktualitätsbewußtsein können aufgrund kulturspezifischer Unterschiede in der Schülerschaft der Hauptschule von großer Unterschiedlichkeit sein. Ebenso ist Heimat als räumlicher Kulturbegriff für die Schüler und Schülerinnen der Hauptschule sehr unterschiedlich gefüllt.

Wenn auch Schüler und Schülerinnen in der Hauptschule eher den benachteiligten Gesellschaftsschichten angehören, so ist für den Unterricht in Geschichte-Politik doch von Bedeutung, wie diese Unterprivilegierung kulturspezifisch von den Schülern und Schülerinnen aus verschiedenen Nationen unterschiedlicher Kultur wahrgenommen und verarbeitet wird. Insbesondere die religiöse Sozialisation der Lernenden muß beachtet werden und als mögliche Determinante von Identitätsprozessen in Rechnung gestellt werden.

Der identitätsstiftende und emanzipatorische Charakter der Qualifikationen in Geschichte-Politik erweist sich in der Fähigkeit dieses Unterrichts, die entsprechenden Chancen aller Lernenden je spezifisch zu entdecken und dazu beizutragen, daß diese wahrgenommen werden. Die Qualifikationen werden mißverstanden, wenn sie ethnozentrisch interpretiert und damit zu Instrumenten kultureller Nivellierung werden. Deshalb sind insbesondere die Unterrichtsziele immer nur auf der Grundlage einer pädagogisch verantwortlichen kulturspezifischen Bedingungsanalyse zu setzen.

6. Pädagogische und didaktische Akzente in den Jahrgangsstufen

Das Lernen der Schüler und Schülerinnen in den verschiedenen Jahrgangsstufen ist sowohl von entwicklungspsychologischen als auch von lerngeschichtlichen Faktoren abhängig. Beide Faktorenbereiche bedingen sich gegenseitig. Insofern kann zum einen nicht von einer festen entwicklungspsychologischen Gesetzmäßigkeit ausgegangen werden als auch zum anderen nicht von einem allgemein gültigen Aufbau von Lernprozessen. Jeder Schüler und jede Schülerin hat seine bzw. ihre eigene ganz unverwechselbare Lerngeschichte, die gerade auch wesentlich vom Geschlecht, von der sozialen Schicht, dem kulturellen Hintergrund und den Lebensräumen abhängt (vgl. Bedingungsanalyse).

Das Lernen der Schüler und Schülerinnen wird mitbestimmt durch die Auseinandersetzung mit den Erwartungen und Anforderungen ihrer sozialen Umwelt. Dabei finden affektive und kognitive Prozesse statt, die nicht voneinander zu trennen sind. So, wie das kognitive Lernen der Schüler und Schülerinnen abhängig ist von ihrer Wahrnehmungsfähigkeit und Erlebnisfähigkeit sowie von ihren konkreten individuellen Erlebnissen, so ist die Erlebnisfähigkeit ihrerseits abhängig von den kognitiven Voraussetzungen, die sie entwickelt haben.

Entwicklungspsychologisch kann ganz allgemein davon ausgegangen werden, daß das kognitive Lernen der Elf- bis Dreizehnjährigen sich vorwiegend als Auseinandersetzung mit konkreten und unmittelbaren Lebenssituationen und mit konkreten Beispielen, die solchen Lebenssituationen ähneln, vollzieht.

Im weiteren Verlauf der Entwicklung wachsen die auch vorher durchaus in Ansätzen vorhandenen Fähigkeiten zur Abstraktion. Hypothesenbildung wird möglich und abstraktere Vorstellungsinhalte bestimmen zunehmend das Denken. Schließlich werden darauf aufbauend Fähigkeiten möglich, das Denken selbst zum Gegenstand des Denkens zu machen. Reflexion, Kritik und auch Metakritik werden möglich.

Auch auf der affektiven Ebene vollzieht sich das Lernen in Auseinandersetzung mit der Umwelt. Hier sind allerdings Einflüsse in besonderem Maß bedeutsam, die von der biologischen Entwicklung der Heranwachsenden herrühren. Vorpubertät und Pubertät sind in der Regel mit Identitätsproblemen verbunden, die sich auf das Sozialverhalten ganz allgemein und auf die Disziplin, das Lern- und Leistungsverhalten im besonderen auswirken. Sowohl innerhalb desselben Geschlechts als auch zwischen den Geschlechtern zeigen sich dabei große Unterschiede im Hinblick auf die Ausprägung der Merkmale und auch im Hinblick auf den altersmäßigen Zeitpunkt. Auch kulturspezifische Unterschiede können sichtbar werden.

Eine genaue, differenzierte und immer wieder zu hinterfragende Beobachtung jedes einzelnen Schülers und jeder einzelnen Schülerin ist notwendig, wenn die Inhalte und Lernziele von Geschichte-Politik zu einer sinnvollen und erfolgreichen fachlichen Lerngeschichte führen sollen.

Unter Berücksichtigung dieser Rahmenbedingungen soll der Unterricht in den Jahrgangsstufen unterschiedliche pädagogische und fachliche Akzente setzen. Im Hinblick auf die historischen Inhalte ist eine fachliche Akzentsetzung determiniert durch das Prinzip der chronologischen Abfolge der Gegenstandsbereiche, das die verbindlichen Inhalte des Faches Geschichte-Politik im wesentlichen ordnet. Dieses Prinzip wird nicht entwicklungs- oder lernpsychologisch begründet. Vielmehr entspricht es der Tradition des Faches, im Lauf der Schulzeit von der frühen Geschichte zur Gegenwart voranzuschreiten. Eine fachliche Akzentuierung muß daher innerhalb der Gegenstandsbereiche auf der Ebene der konkretisierten Lernziele stattfinden.

Jahrgangsstufen 5 und 6

Diese Jahrgangsstufen 5 und 6 sind als Eingangsstufe in die Sekundarstufe I anzusehen. Der Unterricht knüpft an den Sachunterricht der Grundschule an und berücksichtigt dabei, daß die Schüler und Schülerinnen von verschiedenen Schulen kommen und ganz unterschiedliche historisch-politisch relevante Vorerfahrungen und Vorkenntnisse besitzen. Der Unterricht soll jeden Schüler und jede Schülerin dort abholen, wo er bzw. sie am Ende der Grundschulzeit angelangt ist. Zugleich soll er an ein erstes Fachverständnis heranführen, indem er die Schüler und Schülerinnen mit fachspezifischen Arbeitstechniken wie Zeitleiste, Rollenspiel, Museumsbesuch oder geregelter Diskussion bekannt macht. Dabei geht es vor allem darum, neue Lernerfahrungen zu machen, Neigungen zu entdecken und sich im Fachbereich zu orientieren. Die Orientierungsfunktion der Eingangsstufe zielt auch auf Erprobung und Selbsterprobung. Die Schüler und Schülerinnen bemerken – wie auch immer bedingte – fachliche Stärken und fachliche Schwächen bei sich und anderen, und sie können dadurch lernen, anderen zu helfen und sich selbst helfen zu lassen.

Entsprechend dieser Funktionen der Jahrgangsstufen 5 und 6 sollte der Unterricht projektorientiert erfolgen, er sollte außerschulische Lernorte aufsuchen, die näher zu seinen historischen und politischen Inhalten stehen als der abstrakte und formalisierte Rahmen des regulären Schulbetriebs. Gerade im Hinblick auf die vorgegebenen historischen Gegenstandsbereiche, die in diesen Jahrgangsstufen von der Urgesellschaft bis zu den Römern, vielleicht bis ins Mittelalter reichen, bietet es sich an, an die Archäologie heranzuführen und gegebenenfalls Plätze archäologischer Arbeiten aufzusuchen (vgl. 4.3: „Geschichte vor Ort").

In den Jahrgangsstufen 5 und 6 sollen die Inhalte des Unterrichts in Geschichte-Politik mit denen von Hauswirtschaft und Wirtschaft systematisch koordiniert werden. Es ist deshalb sinnvoll, auch gemeinsame fächerübergreifende Projekte durchzuführen.

Der Unterricht sollte besonders im Hinblick auf seine historischen Inhalte mit didaktisch gut ausgewähltem Bild- und Filmmaterial arbeiten. Er sollte die Schüler und Schülerinnen anregen, historische und politische Sachverhalte bildlich-zeichnerisch oder durch anschauliche Texte wiederzugeben bzw. darzustellen.

Pädagogisches Grundprinzip soll dabei eher das Spielerische als systematisierende Strenge sein. Alle Schüler und Schülerinnen sollen zu Erfolgen geführt werden. Dies ist schon deshalb besonders wichtig, weil der Eintritt in die Hauptschule für viele von ihnen ein Ausdruck von Mißerfolg ist. Der Unterricht in Geschichte-Politik hat deshalb in besonderer Weise Raum zu geben für die Verarbeitung dieser Erfahrung. Auch deshalb ist das freie und offene Unterrichtsgespräch zu suchen. Die Schüler und Schülerinnen sollen lernen, geregelt miteinander auch über ihre Probleme zu sprechen. Dadurch erwerben sie erste Grundfertigkeiten politischen Lernens.

Der Unterricht in den Jahrgangsstufen 5 und 6 sollte konkret, anschaulich, neigungs- und erlebnisbetont sein, was nicht ausschließt, daß auch erste Schritte hin auf methodisch-systematisches Arbeiten gemacht werden und daß auch problemorientiert an die Inhalte des Faches herangegangen wird.

Projekte und projektorientierter Unterricht sollten Themen aufgreifen, die den Schülern und Schülerinnen Spaß machen. Die didaktischen und methodischen Maßnahmen sollten sich an die Eigendynamik der Schüleraktivitäten anpassen. Vorrangig ist nicht so sehr ein vorzeigbares Produkt oder ein systematischer Projektprozeß, sondern das schöne Erlebnis.

Jahrgangsstufen 7 und 8

Diese Jahrgangsstufen können auf einer Fülle von gemeinsam erworbenen Fachkenntnissen der Schüler und Schülerinnen und auf einer Fülle gemeinsamer Erlebnisse und Erfahrungen aufbauen. Die Fähigkeit zur Abstraktion ist gewachsen. Zugleich nehmen die pupertätsbedingten Identitätsprobleme zu. Die Schüler und Schülerinnen sollten Unterstützung und Halt auch durch das fachliche Lernen finden. Deshalb sollte diese Stufe sich vor allem auf das Einüben systematischer und methodischer Arbeitsweisen konzentrieren. Nunmehr sollten die Schüler und Schülerinnen bewußt und gezielt an grundlegende Fachmethoden von Geschichte und Politik herangeführt werden. Sie sollten auch systematisch instrumentelle Fertigkeiten des Faches erwerben. Die Anlage eines von nun an bis zum Ende der Schulzeit zu führenden Fach-Heftes nach strengen fachlichen Kriterien ist von der Klasse 7 an angebracht. Ein Projekt, in dessen Rahmen das bereits in den Klassen 5 und 6 Gelernte rückblickend dokumentarisch festgehalten wird, kann den Geschichte-Politik-Unterricht der Klasse 7 einleiten.

Trotz der zunehmenden Systematik und der zunehmenden Methodenorientierung gelten die Prinzipien der Konkretheit und Anschaulichkeit weiter. Hinzu kommt in diesen Jahrgangsstufen eine stärkere Problemorientierung. Das Lernen wird disziplinierter und ernster, aber es soll auch weiterhin Freude machen.

Projektunterricht wird sich vorrangig auf die Verfahren und den Projektprozeß konzentrieren und gesellschaftliche Probleme aufgreifen.

Jahrgangsstufen 9 und 10

Diese Jahrgangsstufen können auf gemeinsamen fachlichen Erfahrungen der Schüler und Schülerinnen aufbauen. Fachliche Methoden und Fragestellungen sind bekannt. Instrumentelle Fertigkeiten des fachlichen Arbeitens sind geübt. Die Pubertät geht in ihre Abschlußphase über. Die Schüler und Schülerinnen beginnen, an ihre berufliche Zukunft zu denken und das Leben in der Erwachsenenwelt zu antizipieren. Sie beginnen, über Sinnfragen zu reflektieren, und artikulieren nicht selten unbeugsam ihre Interessen im Leben und in der Schule.

Der Unterricht in Geschichte-Politik greift diese Lebenswirklichkeit der Schülerinnen und Schüler auf und thematisiert sie. Dies kann indirekt über die historisch-politischen Gegenstandsbereiche geschehen und auch direkt bei gegebenen Anlässen. Jeder der historisch-politischen Gegenstandsbereiche der Klassen 9 und 10 enthält fundamentale Sinn- und Existenzfragen unserer Gesellschaft. Die Schüler und Schülerinnen sollen an diese Fragen im offenen Diskurs herangeführt werden. Sie sollen methodisch sauber analysieren und reflektiert urteilen lernen. Es ist angebracht, das Schulgebäude und den gewohnten organisatorischen Rahmen zu verlassen, wenn politisches Lernen dies sinnvoll erscheinen läßt. Der Unterricht sollte sich umgekehrt auch zum gesellschaftlichen und politischen Leben hin öffnen. So sollten Vertreter von Interessengruppen oder von unterschiedlichen politischen Orientierungen in den Unterricht eingeladen werden – freilich immer unter Beachtung der politischen und sachlichen Proportionalität.

Der Unterricht muß die in diesen Jahrgangsstufen stattfindenden Begegnungen mit der Berufs- und Arbeitswelt historisch-politisch begleiten. Der Unterricht in den Jahrgangsstufen 9 und 10 ist erfahrungs-, handlungs- und problemorientiert.

Projektunterricht in diesen Stufen ist methoden- und produktorientiert. Er setzt an für die Schüler und Schülerinnen relevanten historisch-politischen und gesellschaftlichen Problemen an. Dabei gelten nach wie vor die Prinzipien der Anschaulichkeit, Konkretheit und auch das Prinzip der Freude am Unterricht.

7. Curriculares Verfahren

7.1 Didaktische Regulative (Zielanalyse)

Aus den beschriebenen Aufgaben und Zielen des Faches Geschichte-Politik ergeben sich für die inhaltliche Unterrichtsplanung fünf didaktische Regulative:
– Historisch-politische Gegenstandsbereiche (siehe 3)
– Gesellschaftliche, historische und politische Kategorien und Strukturbegriffe (siehe 1.3.1)
– Gesellschaftliche Gegenwartsprobleme und Zukunftsaufgaben (Schlüsselprobleme)*
– Historische Qualifikationen (siehe 2.1)
– Politische Qualifikationen (siehe 2.2).

Im didaktischen Zusammenwirken entstehen mit Hilfe dieser Regulative thematische Intentionen als didaktische Kernstücke von thematischen Einheiten. Dies geschieht in einem reflektierenden Planungsprozeß, in welchem in der Regel ausgehend von einem historisch-politischen Gegenstandsbereich ein Schlüsselproblem, einige Kategorien und Strukturbegriffe sowie eine historische und eine politische Qualifikationen ausgewählt werden, die in eine integrierende Zielanalyse eingehen und in eine thematische Intention münden sollen. Orientiert an der Anzahl der vorgegebenen Gegenstandsbereiche sind in diesem Lehrplan nach diesem Verfahren 23 thematische Einheiten (TE) entfaltet.

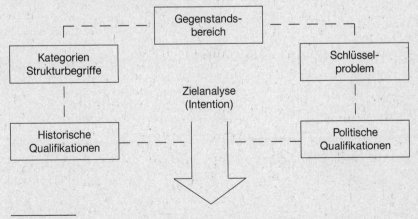

---
* Siehe Seite 40 f.

Im Prinzip kann jeder Gegenstandsbereich mit jedem Schlüsselproblem, mit jeder Kategorie und mit jeder Qualifikation verschränkt werden. Tatsächlich gibt es jedoch affine Ziel- und Sachzusammenhänge und weniger affine.

Curricular entscheidend ist, daß im Laufe der 6 Jahre der Sekundarstufe I alle Schlüsselprobleme, alle Kategorien und Strukturbegriffe, alle Gegenstandsbereiche und alle Qualifikationen angemessen zur Geltung kommen. Wie dies geschieht, ist im Prinzip den Unterrichtenden oder den Fachkonferenzen und gegebenenfalls auch den Schülern und Schülerinnen – falls sie an der langfristigen fachlichen Unterrichtsplanung beteiligt werden – überlassen. Da eine solche curriculare Freizügigkeit jedoch nur selten genutzt werden kann, bietet der Lehrplan eine über alle sechs Jahrgänge reichende Sequenz von thematischen Einheiten, die den Vorgaben entspricht. Diese Sequenz ist verbindlich, sofern nicht vor Ort eine individuelle Sequenz nach den beschriebenen curricularen Vorgaben entwickelt wird.

7.2 Didaktische Fragehorizonte (Sachanalyse)

Aus den beschriebenen Aufgaben und Zielen des Faches Geschichte-Politik ergeben sich für die Sachanalyse des weiteren drei Fragehorizonte. Ziel des Unterrichts ist es, die Lebenswirklichkeit der Schüler und Schülerinnen und die allgemeine Geschichte und Politik mit Hilfe von Kategorien und strukturbezogenen Hypothesen so zu verschränken, daß die Lernenden sich Geschichte und Politik aneignen oder sich bewußt distanzieren können. Die Sachanalyse muß deshalb nach der subjektiven Betroffenheit, nach der historischen Überlieferung und dem aktuellen gesellschaftlichen Geschehen fragen, sowie nach Hypothesen über historische und sozialwissenschaftliche Zusammenhänge und Strukturen.

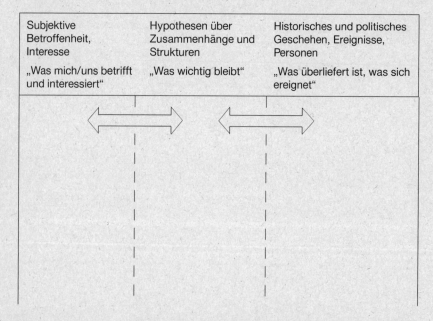

Subjektive Betroffenheit, Interesse	Hypothesen über Zusammenhänge und Strukturen	Historisches und politisches Geschehen, Ereignisse, Personen
„Was mich/uns betrifft und interessiert"	„Was wichtig bleibt"	„Was überliefert ist, was sich ereignet"

7.3 Reflexionsskizze

Damit ergibt sich eine Planungsskizze, welche alle wesentlichen Bausteine abbildet, die für die Entstehung von Unterrichtsthemen wichtig sind.

Die Planungsskizze stellt keine fachlichen oder didaktischen Ableitungszusammenhänge dar. Sie hat allein die Funktion, den Lehrerinnen und Lehrern alle didaktisch relevanten Regulative und Gesichtspunkte für ihre Unterrichtsplanung in einem Blick erfaßbar zu machen. Sie ist eine Reflexionsskizze, die zu Assoziationen anregen soll und den Stoff aus unterschiedlichen Perspektiven untersuchbar und diskutierbar machen soll.

Die **Reflexionsskizze** besteht aus einer **Skizze der Zielanalyse** – didaktisch zugespitzt auf eine **thematische Intention** – und eine **Skizze der Sachanalyse** als Übersicht **möglicher Inhalte**.

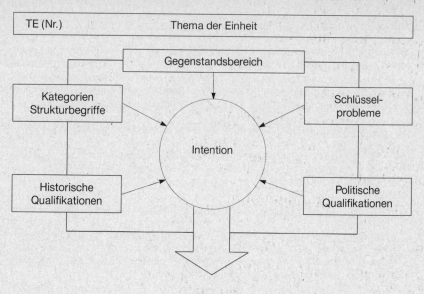

| TE (Nr.) | Thema der Einheit |

Gegenstandsbereich

Kategorien
Strukturbegriffe

Schlüssel-
probleme

Intention

Historische
Qualifikationen

Politische
Qualifikationen

Fragehorizonte

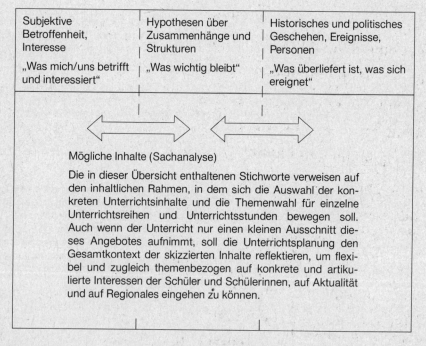

Subjektive Betroffenheit, Interesse	Hypothesen über Zusammenhänge und Strukturen	Historisches und politisches Geschehen, Ereignisse, Personen
„Was mich/uns betrifft und interessiert"	„Was wichtig bleibt"	„Was überliefert ist, was sich ereignet"

Mögliche Inhalte (Sachanalyse)

Die in dieser Übersicht enthaltenen Stichworte verweisen auf den inhaltlichen Rahmen, in dem sich die Auswahl der konkreten Unterrichtsinhalte und die Themenwahl für einzelne Unterrichtsreihen und Unterrichtsstunden bewegen soll. Auch wenn der Unterricht nur einen kleinen Ausschnitt dieses Angebotes aufnimmt, soll die Unterrichtsplanung den Gesamtkontext der skizzierten Inhalte reflektieren, um flexibel und zugleich themenbezogen auf konkrete und artikulierte Interessen der Schüler und Schülerinnen, auf Aktualität und auf Regionales eingehen zu können.

7.4 Verbindlichkeit und Offenheit

Die Rückbindung der konkreten Ziel- und Sachanalyse zur Gewinnung von Unterrichtsthemen an allgemeine didaktische Regulative und an allgemeine didaktische Fragehorizonte bedeutet für die Unterrichtsplanung ein hohes Maß an konsequenter didaktischer Führung auf hohem curricularen Abstraktionsniveau und zugleich ein hohes Maß an Offenheit und Entscheidungsfreiheit in der konkreten Realisation.

– Es ist verbindlich, daß jedes Unterrichtsthema didaktisch an alle Regulative rückgebunden ist.
– Es ist verbindlich, daß alle Teilelemente der didaktischen Regulative – also alle vorgegebenen Gegenstandsbereiche, Schlüsselprobleme, Kategorien, Strukturbegriffe und Qualifikationen – im Laufe der sechs Schuljahre Berücksichtigung finden.
– Verbindlich ist das in diesem Lehrplan beschriebene Verfahren der Ziel- und Sachanalyse.
– Verbindlich sind die im Rahmen der Ziele und Aufgaben des Faches skizzierten Vorgaben zu den zu erwerbenden Kenntnissen, Fähigkeiten und Fertigkeiten. Dabei geht es nicht um akribische Erfüllung der Kataloge, sondern um schülerangemessene problem- und situationsorientierte Einführung und Einübung.
– Offen ist die Auswahl der in der Ziel- und Sachanalyse zu kombinierenden Gegenstandsbereiche, Schlüsselprobleme, Kategorien, Strukturbegriffe und Qualifikationen.

Die ausgewiesene Offenheit kann genutzt werden, wenn die Lehrer und Lehrerinnen oder die Fachkonferenzen selbst die Möglichkeit sehen, Ziel- und Sachanalyse für eine vollständige thematische Sequenz für die gesamten sechs Schuljahre zu leisten.

Sollte diese Möglichkeit nicht bestehen, ist die in diesem Lehrplan entfaltete Sequenz mit ihren 23 thematischen Einheiten verbindlich. Auch in diesem Fall besteht noch große Offenheit in der konkreten Realisation. Über die Fragen aus subjektiver Betroffenheit der Schüler und Schülerinnen im Rahmen der Fragehorizonte zur Sachanalyse der thematischen Einheiten gelangen in hohem Maß spezifische, schülerbezogene, regionale und aktuelle Aspekte für die Auswahl der Unterrichtsinhalte in die konkrete Planung.

Für die in diesem Lehrplan entfaltete Sequenz von 23 thematischen Einheiten soll nicht mehr als ca. 2/3 der insgesamt für das Fach Geschichte-Politik zur Verfügung stehenden Unterrichtszeit aufgewendet werden. Die aufzuwendende Unterrichtszeit für die einzelnen thematischen Einheiten wird je nach fachlicher Schwerpunktsetzung im Rahmen der Vorgaben, je nach Standort der Schule und je nach Interesse der Lerngruppe unterschiedlich sein. Die thematischen Einheiten sind in der vorgegebenen Sequenz inhaltlich so ausgelegt, daß eine Reduktion leicht zu bewerkstelligen ist.

Die geltenden Einzelerlasse zu historisch-politischen Themen sind in diesen Lehrplan inhaltlich und von ihrer Zielsetzung her eingegangen. Sie gelten im Rahmen der Vorgaben des Lehrplans fort.

Die durch den in diesem Lehrplan vorgegebenen Stoffplan nicht vereinnahmte Unterrichtszeit sollte unterschiedlichen Zwecken dienen:

– Es besteht die Möglichkeit, zusätzliche Gegenstandsbereiche die vom Lehrplan nicht voll entfaltet werden, zu thematisieren.
– Es besteht die Möglichkeit, im Interesse interkultureller Erziehung Inhalte zu thematisieren, die sich auf Geschichte, Politik und Gesellschaft von ausländischen Mitbürgern beziehen (z. B. Türkei oder Marokko).
– Es besteht die Möglichkeit, lokalgeschichtliche sowie lokal- und regionalpolitische Inhalte über das in der vorgegebenen Sequenz enthaltene Maß hinaus zu entfalten.
– Es sollte Zeit zur Verfügung stehen, um politisch-praktische Fertigkeiten (z.B. Abstimmungsverfahren) einzuüben.
– Es sollte Zeit zur Verfügung sein, die im Rahmen der Richtlinien für den Politikunterricht entfalteten Themen, soweit sie nicht in diesen Lehrplan eingegangen sind, zu bearbeiten.
– Es ist erforderlich, genügend Unterrichtszeit für die Bearbeitung aktueller nicht vorhersehbarer politischer Ereignisse bereitzuhalten.
– Es sollte genügend Unterrichtszeit bereitgehalten werden, um sich jährende historische Ereignisse gründlich zu bearbeiten.
– Insbesondere muß Unterrichtszeit für Projekte und projektorientierten Unterricht bereitgestellt werden.
– Schließlich sollte der Unterricht in Geschichte-Politik Unterrichtszeit auch für die Teilnahme an historischen und politischen Schülerwettbewerben zur Verfügung stellen (z. B. „Schülerwettbewerb Deutsche Geschichte um den Preis des Bundespräsidenten", Schülerwettbewerb „Wir Deutschen und unsere östlichen Nachbarn").

8. Leistungsbewertung

Im Fach Geschichte-Politik ist eine breite Palette von Arbeiten, Beiträgen und Aktivitäten zur Gesamtbeurteilung heranzuziehen. Nur so können die spezifische Ausprägung von Jungen und Mädchen, die jeweiligen Altersstufen, die Begabungstypen und die Sprachbeherrschung angemessen berücksichtigt werden.

In die Leistungsbewertung sind einzubeziehen aktive und passive Formen der Beteiligung.

(1) Mündliche Beteiligung
– Reproduktion von Kenntnissen über historisch-politische Sachverhalte und Zusammenhänge
– Bereitschaft und Fähigkeit zu erzählen und nachzuerzählen
– Analysefähigkeiten (z.B. Methodenkenntnis)
– Transferleistungen, Verallgemeinerungsfähigkeit
– Bereitschaft zu urteilen, Fähigkeit zu urteilen.

(2) Schriftliche und gestalterische Beteiligung
– Heftführung (Inhalt und Form)
– Protokollschreiben
– Zeichnungen, Fotos, Plakate, Videofilme, Kunstwerke.

(3) Diskursive und handelnde Beteiligung
- Teilnahme an Diskussionen (inhaltlicher Anteil, formaler Anteil, z.B. Diskussions-
  leitung; Regeln einhalten etc.)
- Bereitschaft und Fähigkeit, nach gelernten Verfahren Konflikte zu regeln.

(4) Gruppenleistungen
- Bereitschaft und Fähigkeit, Ämter zu übernehmen
- aktive Beteiligung an der Organisation von Lernen an außerschulischen Lern-
  orten
- Bereitschaft und Fähigkeit zur Informationsbeschaffung (z.B. Bibliotheken,
  Museen, Gespräche, Interviews etc.).

TE 1

"Spezialgebiet Faustkeile"

Gegenstandsbereich:
Urgesellschaft: technische, ökonomische und soziale Entwicklung; Eiszeit, Neolithische Revolution; Spezialisierung, Arbeitsteilung und Herrschaft; soziale und Geschlechterrollen.

Kategorien/Strukturbegriffe:
– Zeit
– Raum
– Geschlecht

– Aktualität/Wandel/Dauer, Epochalität
– Territorialität und Universalität historischer Prozesse
– Menschliche Grundbedürfnisse
– Macht und Machtverhältnisse

Intention:
Das Leben der Menschen in Urgesellschaften kennenlernen und erkennen, daß die Neolithische Revolution ein grundlegender Schritt in der sozialen Entwicklung der Menschheit ist, weil sie durch Arbeitsteilung und technisch-ökonomische Spezialisierung Herrschaftsverhältnisse und Rollenverteilung insbesondere auch zwischen den Geschlechtern hervorgebracht hat, die das noch heute Grundmuster sozialen Verhaltens sind, sowie Bereitschaft, die daraus gewonnenen Einsichten im eigenen Verhalten in emanzipatorischer Weise wirksam werden zu lassen.

Schlüsselprobleme:
Mitverantwortung für eine selbstbestimmte verantwortliche Rollen- und Aufgabenverteilung zwischen Männern und Frauen als Individuen und soziale Wesen in Familie, Beruf und Gesellschaft. (9)
ergänzend: 6

Politische Qualifikationen:
Fähigkeit und Bereitschaft, sich in den gesellschaftlichen, politischen und wirtschaftlichen Ordnungen zu orientieren, sie einschließlich ihrer Zwänge und Herrschaftsverhältnisse nicht ungeprüft hinzunehmen, sondern sie auf ihren Sinn, ihre Zwecke und Notwendigkeiten hin zu befragen und die ihnen zugrundeliegenden Interessen, Normen und Wertvorstellungen kritisch zu prüfen. (1)
ergänzend: 7

Historische Qualifikationen:
Fähigkeit zu erkennen, daß Wandel und Veränderung historisch durch eine Vielzahl von Faktoren bewirkt werden können, und Bereitschaft, historischen Fragen dementsprechend kritisch nachzugehen. (3)
ergänzend: 1

Subjektive Betroffenheit, Interesse „Was mich/uns betrifft und interessiert"	Hypothesen über Zusammenhänge und Strukturen „Was wichtig bleibt"	Historisches und politisches Geschehen, Ereignisse, Personen „Was überliefert ist, was sich ereignet"

„Das ist ja steinzeitlich!"

Sprüche
- „Not macht erfinderisch."
- „Bei dem laufen alle Fäden zusammen."
- „Teile und herrsche!"
- „Frauen und Männer haben immer schon unterschiedliche Aufgaben gehabt." – „Haben sie?"

„Einen Feuerstein: noch nie gesehen?" – „Dann mach mal Urlaub an der Ostsee!"

Fragen
- „Warum hatte der Neandertaler einen so großen Mund?"
- „Wo kann man Hünengräber eigentlich anschauen?"
- „Wer konnte sich denn damals so ein Grab leisten?"
- „Unsere Geschichte: Beschleunigung von Null auf Hundert?"
- „Was tun, wenn das Ozonloch wächst? – Weglaufen? Schutzanzüge?"

Erlebnisse
- „Tatort Steinzeit" – „Archäologie ist spannend."
- „Spraydosen sind doch so bequem."

- Archaische Körperformen und -eigenschaften der Menschen und ihre Funktionen
- Archaische Verhaltensformen der Menschen im Umgang miteinander und mit der Natur
- Archaische Formen von Religiosität und Religion
- Archaische Formprinzipien in Technik und Kunst
- Veränderung des Weltökosystems und menschliches Leben
- Veränderung der natürlichen Lebensgrundlagen der Menschen – Anpassung durch technischen und sozialen Fortschritt – Migration/ Emigration/Flucht
- Arbeitsteilung, Rollenentwicklung (allgemein und geschlechtsspezifisch) und Herrschaft
- Erben als gesellschaftliches Ordnungsprinzip
- Bevölkerungsdichte und Lebensmöglichkeiten
- Historische Phasen beschleunigter Entwicklung der Lebensweisen der Menschen (Revolution)

So sahen die Urmenschen aus: z. B. „Der" Neandertaler.

Wissen und Vermutungen über Urgesellschaften
- Welche Rolle spielten physische und geistige Fähigkeiten? – Wer wurde Führer? Gab es Führerinnen? – Matriarchat/ Patriarchat, Sammlerinnen und Jäger
- Soziale Gruppe: Intimität und Vertrauen nach innen („Urvertrauen" als sozialpsychologisches Erziehungsprinzip heute), Mißtrauen und Abgrenzung nach außen; Ausgrenzung als (Todes-)Strafe
- Natur als Gefahr und beseelter Lebenspartner und Lebensspender – Naturreligionen – Höhlenmalerei; religiöse Kultur, Naturzerstörung heute – Hochreligionen und Natur

Eiszeit und Neolithische Revolution
- Zeiten und Ausdehnung der Eiszeiten
- Vom Jagen und Sammeln zum Anbauen und Domestizieren (Entstehung der ersten Kulturlandschaften)
- Vom Faustkeil der Altsteinzeit zu den neuen Techniken
- Handwerk und Spezialisierung
- Rohstoffe, Standorte, technische Immobilien und Seßhaftigkeit
- Im Haus leben, Hauswirtschaft (Ökonomie), Dorfleben
- Bodennutzungserträge und Bevölkerungsdichte
- Soziale Hierarchien; Handel, Grundbesitz und Herrschaft; Erben
- Hünengräber: Leben und Herrschen nach dem Tod: Erben
- Männer- und Frauenrolle

Archäologie und heutige Urgesellschaften als historische Quellen und Hilfsmittel

Was machen wir mit den heutigen Urgesellschaften: in Ruhe lassen, kommerzialisieren oder zivilisieren?

Zeitleiste: Technik, Ökonomie (Arbeit), Kunst, Lebensqualität „Das Ozonloch – unsere Eiszeit"?

TE 2 „Herrschaft durch Wasser"

Gegenstandsbereich:
Flußkulturen: gemeinschaftliche Naturbeherrschung und -nutzung als notwendige Lebensgrundlage und Bedingung von Sozialstruktur und Herrschaft, Wissenschaft, Kunst und Religion; Großtechnologien und Neue Technologien.

Schlüsselprobleme:
Mitverantwortung für das Recht des Menschen auf soziale, wirtschaftliche und politische Partizipation. (7)

ergänzend: 2

Politische Qualifikationen:
Fähigkeit und Bereitschaft, sich in den gesellschaftlichen, politischen und wirtschaftlichen Ordnungen zu orientieren, sie einschließlich ihrer Zwänge und Herrschaftsverhältnisse nicht ungeprüft hinzunehmen, sondern sie auf ihren Sinn, ihre Zwecke und Notwendigkeiten hin zu befragen und die ihnen zugrundeliegenden Interessen, Normen und Wertvorstellungen kritisch zu prüfen. (1)

ergänzend: 3 und 11

Intention:
Am Beispiel der Wassertechnik und -bewirtschaftung in Flußkulturen den komplexen Zusammenhang zwischen Bändigung und Nutzbarmachung von Naturgewalten und menschlicher Existenzsicherung erkennen und die damit verbundenen Herrschaftsprobleme aus demokratischer Sicht befragen.

Kategorien/Strukturbegriffe:
– Schicht
– Raum
– Historische Kausalität
– Territorialität und Universalität historischer Prozesse
– Menschliche Grundbedürfnisse
– Recht/politische Ordnung und Herrschaft

Historische Qualifikationen:
Fähigkeit zu erkennen, daß Wandel und Veränderung historisch durch eine Vielzahl von Faktoren bewirkt werden können, und Bereitschaft, historische Fragen dementsprechend kritisch nachzugehen. (3)

ergänzend: 7 und 8

Subjektive Betroffenheit, Interesse „Was mich/uns betrifft und interessiert"	Hypothesen über Zusammenhänge und Strukturen „Was wichtig bleibt"	Historisches und politisches Geschehen, Ereignisse, Personen „Was überliefert ist, was sich ereignet"
„Packen wir's an!"	– Abhängigkeit menschlicher Existenz von der Nutzung und Bändigung der Natur	Historische Flußhochkulturen auf der Welt (räumlicher Überblick): z. B. Ägypten, Mesopotamien, (Palästina), Industriekulturen, Hoang-Ho-Kulturen
Sprüche	– Ambivalenz von Naturgewalt für die Menschen: Gefährlichkeit und Nützlichkeit	Wichtige Merkmale von Flußhochkulturen und historische Wirkungszusammenhänge
– „Ägypten – ein Geschenk des Nils"	– Großtechnologie, Organisation menschlicher Arbeitskraft und das Verhältnis von Individuum und Gesellschaft	– Überschwemmungen, Kalender, jährliche Landneuvermessung, Geometrie/Mathematik, Kanal- und Dammbau, Physik und Großtechnologie, Schrift, gesellschaftliche Schichtendifferenzierung und Herrschaftshierarchien, Monumentalität und Ästhetik der Repräsentation von Herrschaft, Vergöttlichung von Herrschaft
– „Vater Rhein"	– Wandel und Dauer im Verhältnis von Arbeitsteilung, Arbeitsorganisation und Herrschaft	Beispiel „Ägypten" (alternativ: Mesopotamien)
– „Wasser ist zum Waschen da . . ."	– Wandel und Dauer von Formen der Legitimation von Herrschaft	– Zeitrahmen der ägyptischen Hochkulturzeit (Zeitleiste): z. B. erste Kanal- und Dammbauten, erste Pyramiden, Gizeh, erster Nachweis für Schrift, Übergang von Steinzeit zur Metallzeit, ggfs. Hyxos, ggfs. Auszug der Juden, Persönlichkeiten (z. B. Tut-anch-Amon, Ramses II., Cheops, Cleopatra . . .), Ende der eigenständigen Staatlichkeit durch die Perser (525)
– „Dämme gegen die Flut"	– Der Zusammenhang von Wissen und Macht	– Räumliche Einordnung Ägyptens in den Mittelmeerraum und in den afrikanischen Kontinent; Nil-Oase: „Woher kommt das Wasser?":
– „Hier wird nicht diskutiert!"	– Ästhetik und Legitimation von Herrschaft	– Leben und Arbeiten: Landwirtschaft, Handwerk, großtechnische Arbeiten, Erziehung, Herrschaftskulte (Totenkulte), Gesellschafts- und Herrschaftspyramide
– „Jeder an seinem Platz"		– Die Schrift: Hieroglyphen (heilige Kerben)
– „Organisation ist alles."		Großtechnologien heute
– „Einer muß das Sagen haben!"		– Material, Kosten, menschliche Arbeit, Wissenschaft
– „Wer nicht mitmacht, fliegt raus!"		– Mega-Chips, die Hieroglyphen von heute?
– „Wissen ist Macht."		– Alte und neue Naturgewalt (Wasser, fossile Brennstoffe, Kernenergie, Sonne, Wind . . .), ihre Bändigung und Nutzung heute (Beispiele)
– „Lesen? Schreiben? – Nein danke! – Ich habe Fernsehen und Telefon."		– Sicherheitsprobleme der Großtechnologien und demokratische Gesellschaft
Geschichten		– Ästhetik neuer Technologien und ihre Repräsentation
– Die „Arche Noah"; „Der Schimmelreiter"; „Götter, Gräber und Gelehrte"; „Am Tag, als der Regen kam".		
– „Cleopatra aus Hollywood" und der „Fluch des Pharao"		
Einsichten und Fragen		
– „Je gerader der Fluß, desto schneller die Wasserstraße."		
– „Weshalb regen sich die Leute über Hochwasser auf? Das hat es doch immer gegeben!"		
– Technisches Hilfswerk (THW)		
– „Beton – Es kommt darauf an, was man daraus macht!"		
– „Pyramiden der Gegenwart"		

TE 3 „Tausend Jahre Römer"

Gegenstandsbereich:
Imperiale Herrschaft; Römer und Germanen; kulturelle Eigenständigkeit, Integration und Assimilation in der „Pax` Romana;
Gegenwehr; Kulturbegegnung.

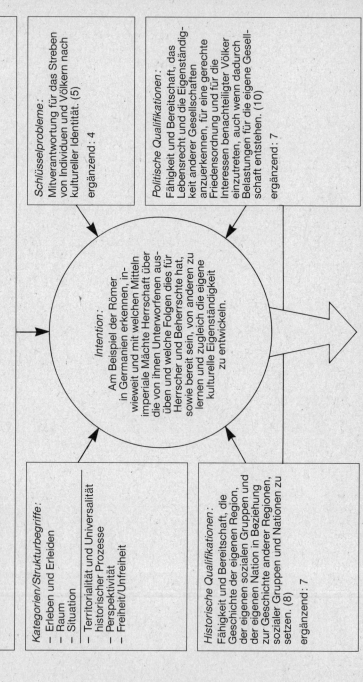

Kategorien/Strukturbegriffe:
– Erleben und Erleiden
– Raum
– Situation

– Territorialität und Universalität
  historischer Prozesse
– Perspektivität
– Freiheit/Unfreiheit

Historische Qualifikationen:
Fähigkeit und Bereitschaft, die
Geschichte der eigenen Region,
der eigenen sozialen Gruppen und
der eigenen Nation in Beziehung
zur Geschichte anderer Regionen,
sozialer Gruppen und Nationen zu
setzen. (8)

ergänzend: 7

Intention:
Am Beispiel der Römer
in Germanien erkennen, inwieweit und mit welchen Mitteln
imperiale Mächte Herrschaft über
die von ihnen Unterworfenen aus-
üben und welche Folgen dies für
Herrscher und Beherrschte hat,
sowie bereit sein, von anderen zu
lernen und zugleich die eigene
kulturelle Eigenständigkeit
zu entwickeln.

Schlüsselprobleme:
Mitverantwortung für das Streben
von Individuen und Völkern nach
kultureller Identität. (5)

ergänzend: 4

Politische Qualifikationen:
Fähigkeit und Bereitschaft, das
Lebensrecht und die Eigenständig-
keit anderer Gesellschaften
anzuerkennen, für eine gerechte
Friedensordnung und für die
Interessen benachteiligter Völker
einzutreten, auch wenn dadurch
Belastungen für die eigene Gesell-
schaft entstehen. (10)

ergänzend: 7

Subjektive Betroffenheit, Interesse „Was mich/uns betrifft und interessiert"	Hypothesen über Zusammenhänge und Strukturen „Was wichtig bleibt"	Historisches und politisches Geschehen, Ereignisse, Personen „Was überliefert ist, was sich ereignet"
„Sieben-fünf-drei: Rom kroch aus dem Ei." Sprüche – „Als die Römer frech geworden ...", „Die Würfel sind gefallen". Prinzipien – „Brot und Spiele", „Das werden die Gerichte klären." – Der Imperativ ist die Befehlsform. Politik ist in der Bundesrepublik im Prinzip eine „res publica", eine öffentliche Angelegenheit. Geschichte life – „Römer made in Hollywood", „Die Römer, die spinnen!" Römer im Deutschen – „Her mit den Moneten!"; tegula: der Ziegel; fenestra: das Fenster; Köln, Colonia, colere, pflanzen, anbauen, ansiedeln Römer im Europäischen und im Weltall – „Ein ‚X' für ein ‚U' ..."; Militär kommt von militia; Jupiter, Mars, Venus, Neptun und Merkur Vermutungen, Erkenntnisse, Einsichten – „Für die Römer waren wir die Wilden" – „Die Germanen, das sind wir!" Römer vor der Haustür – Römerstraßen allerorten (z. B. B 9) – Vino und Met Fragen – „Wer waren in Köln eigentlich die Ausländer?" – „Wieso heißt der Dezember eigentlich Dezember?"	– Militärmacht und Kriege als Mittel der Herrschaft über viele Völker und große Räume – Zentralismus und Regionalismus – Herrschaft durch Kultur – Das Spannungsverhältnis zwischen Selbstbestimmungsrecht und Freiheit – Trennung und Berührung: die Ambivalenz von Grenzen – Akkulturation zwischen kulturellem Gewinn und Verlust – Sprache und Kultur	Tausend Jahre Römer – Chronologischer Überblick (Zeitleiste): mythische Zeit, Königszeit, Republik, Prinzipat und Kaiserzeit – Ausdehnung des römischen Reichs – Charakteristika der Herrschaft: Militär (Berufsheer), Straßen, politischer Zentralismus (Rom), Beamte, Amtssprache, einheitliches Rechtswesen (z. B. Zwölftafelgesetz), römisches Bürgerrecht, Feudalsystem, Provinzverwaltung, Sklaven – Götter- und Göttinnenhimmel Römer an Rhein und Mosel – Zeitrahmen und Ausdehnung – Germanische Völker (Überblick) – „Germania" des Tacitus (Auszug) – Römische Zivilisation – Städte und Garnisonen: z. B. Köln, Bonn, Xanten – Glaswaren aus Köln, Wohnkultur, Wasserleitungen, Bäder und Sportanlagen, Wein- und Obstanbau, Schulwesen ... – Der Limes: Grenze und Kontaktstelle – Gegenwehr: Die Schlacht im Teutoburger Wald, Bataveraufstand Was überlebt hat: z. B. Lehnwörter, romanische Sprachen, Rechtsgrundsätze, Weinbau ... Imperiale Strukturen in der Welt – Hauptmerkmale heute (z. B. Militär, Kapital, Neue Technologien, Terms of Trade ...) Zusammenleben zwischen unterschiedlichen Kulturen in einer Gesellschaft

TE 4

„Allah ist groß"

Gegenstandsbereich:

Islam: geistige und soziale Wurzeln; das Verhältnis von Religion und Politik; kulturelle Leistungen; Begegnung mit Europa und dem Christentum; Muslime in der deutschen Gesellschaft.

Schlüsselprobleme:

Mitverantwortung für den Frieden als individuelle und globale Aufgabe. (1)

ergänzend: 3 und 4

Politische Qualifikationen:

Fähigkeit und Bereitschaft, das Lebensrecht und die Eigenständigkeit anderer Gesellschaften anzuerkennen, für eine gerechte Friedensordnung und für die Interessen benachteiligter Völker einzutreten, auch wenn dadurch Belastungen für die eigene Gesellschaft eintreten. (10)

ergänzend: 3

Intention:

Grundzüge des Islam als Religion und soziale Bewegung in Geschichte und Gegenwart kennenlernen und bereit sein, den Muslimen insbesondere im eigenen Lebensbereich in Toleranz und Solidarität zu begegnen.

Kategorien/Strukturbegriffe:

– Raum
– Handeln
– Geschlecht

– Perspektivität
– Diskrepanz von menschlicher Intention und historischem Ergebnis
– Sozialisation/Alltag
– Konflikt/Opposition/Widerstand
– Solidarität und Toleranz

Historische Qualifikationen:

Fähigkeit und Bereitschaft, sich in die Lage der am historischen Prozeß unterschiedlich beteiligten Individuen und Gruppen hineinzuversetzen. (7)

ergänzend: 5

Subjektive Betroffenheit, Interesse „Was mich/uns betrifft und interessiert"	⟺	Hypothesen über Zusammenhänge und Strukturen „Was wichtig bleibt"	⟺	Historisches und politisches Geschehen, Ereignisse, Personen „Was überliefert ist, was sich ereignet"

Spalte 1 – Subjektive Betroffenheit, Interesse / „Was mich/uns betrifft und interessiert"

„Wir sind keine ‚Mohammedaner', wir sind Muslime!'"

Vorurteile, Mißverständnisse, Konflikte
– „Am Ramadan stört Essensgeruch und Küchenlärm der türkischen Nachbarn meinen Nachtschlaf."
– „Die Deutschen wollen uns daran hindern, nach unserem Glauben zu leben."
– „Muslimische Mädchen tragen Kopftücher, dürfen nicht in die Disco, nicht ins Schwimmbad und nicht ins Landheim."

Massenmedien
– Iran-Irak-Konflikt, Libanon
– Terror, Geiseln, Chaos

Fragen
– Wie soll man mit Muslimen, wie soll man mit Christen zusammenleben?

Spalte 2 – Hypothesen über Zusammenhänge und Strukturen / „Was wichtig bleibt"

– Bevölkerungswachstum, -verdichtung und gesellschaftliche Differenzierung und die Notwendigkeit allgemeingültiger Normen
– Von den Lokalreligionen zum abstrakten Gott der Hochreligionen
– Bedürfnis der Menschen nach Sicherheit (Rechtssicherheit), Ordnung und Disziplin
– Dialektik revolutionärer Impulse: Freiheit und dogmatische Unbeweglichkeit
– Politische Energie und Faszination der Unhinterfragbarkeit religiöser Überzeugungen
– „Auserwähltsein" als kollektive historische Kraft
– Religion und Identität
– Patriarchalische Gottesvorstellungen
– Vorurteile

Spalte 3 – Historisches und politisches Geschehen, Ereignisse, Personen / „Was überliefert ist, was sich ereignet"

Grundlagen des Islam als Religion
– „Es gibt keinen Gott außer Gott!" – Hochreligion
– Prinzipien: „Die fünf Säulen", Reinheit statt Unreinheit, Identität von Gesellschaft und Religionsgemeinschaft, die „heilige Anstrengung": Dschihad; Regelung des Geschlechterverhältnisses im Islam; der Koran.

Entstehung und Ausbreitung des Islam:
– Arabien und Mekka vor dem Islam, Gesellschaft, Götzenreligionen
– Der Prophet Mohammed – ein Mensch; sein soziales und ordnungspolitisches sowie religionsstiftendes Engagement, die Offenbarungen, Gemeindegründung und Gemeindeverfassung (Medina)
– Flucht aus Mekka (622, Hidschra) als Beginn islamischer Zeitrechnung
– Spaltung des Islam in Sunniten und Schiiten und Ausbreitung in Asien, Afrika und Europa; Arabisch wird zur Welt- und Kultursprache.

Islam und Wissenschaft: z. B. Medizin, Mathematik (arabische Zahlen)

Begegnung und Konflikte mit der christlichen Welt:
– Kreuzzüge, Friedrich II., osmanische Sakralarchitektur (Sinan), Libanon; Muslime in christlichen Gesellschaften heute

Islam als Befreiungsideologie:
– Entkolonialisierung und eigenständige Identität: „Im Glauben der ganzen Welt überlegen."

Innerislamische Konflikte
– Krieg zwischen Iran und Irak

TE 5

„Unser tägliches Brot"

Gegenstandsbereich:
Leben und arbeiten, sozialer Status; Feudalismus; christliches Mittelalter; Geschlechterrollen; Bauernwiderstand;
Europäischer Agrarmarkt; Ökologie.

Kategorien/Strukturbegriffe:
– Schicht/Klasse/Stand
– Geschlecht
– Erleben und Erleiden

– Aktualität/Wandel/Dauer
– Kontinuität/Diskontinuität
– Menschliche Grundbedürfnisse
– Freiheit/Unfreiheit

Schlüsselprobleme:
Mitverantwortung für den Ausgleich von Benachteiligungen von
Menschen, Gesellschaften und
Völkern. (3)

ergänzend: 2 und 9

Intention:
Dauer und Wandel
gesellschaftlicher, ökonomischer und ökologischer Bedingungen des Lebens und Arbeitens in der Landwirtschaft in
Geschichte und Gegenwart untersuchen, sowie bereit sein, sich
dafür einzusetzen, daß ökonomische Veränderungen in der Landwirtschaft nicht zu Lasten
berechtigter Interessen der
betroffenen Bevölkerung gehen.

Historische Qualifikationen:
Fähigkeit und Bereitschaft,
Lebensbedingungen und Handlungsmöglichkeiten daraufhin zu
befragen, ob und inwieweit sie vom
Geschlecht, von der Zugehörigkeit
zu sozialen Gruppen oder anderen
Faktoren abhängen. (6)

ergänzend: 8

Politische Qualifikationen:
Fähigkeit zu erkennen, inwieweit
Arbeit zur Existenzsicherung von
Individuum und Gesellschaft notwendig ist und Grundlage für
Selbstverwirklichung und politische
Beteiligung sein kann, sowie
Bereitschaft, sich für die Gestaltung menschenwürdiger Bedingungen von Arbeit einzusetzen. (12)

ergänzend: 11

Subjektive Betroffenheit, Interesse „Was mich/uns betrifft und interessiert"	Hypothesen über Zusammenhänge und Strukturen „Was wichtig bleibt"	Historisches und politisches Geschehen, Ereignisse, Personen „Was überliefert ist, was sich ereignet"

„Das ist ja mittelalterlich!"

Sprüche und Meinungen
- „...gut beschlagen!" „Hexerei!" „...im Schutz der Burg", „Und sei bitte höflich!", „Wer nicht sät, soll nicht ernten!", „Man soll dem Ochsen, der da drischt, das Maul nicht verbinden."
- „Solange du deine Füße unter meinen Tisch..."

Alltag und Erfahrung
- „...auf's Attentäl", „Mitgiftjäger", „Er ist ihm hörig." „...wegen Untreue verurteilt." „Schon rechtsfähig?"
- Dorflinde, Nachba(ue)r, Kindersegen, Trauergemeinde, Mädchten, Mägde, Fräuleins, Knechte und Tölpel, Trachten und Wappen...

Bräuche, Zyklen und Tribute
- Ostereier und -hasen, Kirmes, Erntedank, Wintervorrat, „Die kalte Sophie"

Romantik
- von Koblenz nach Bingen; Robin Hood, Prinz Eisenherz, „Aschenputtel", „Hänsel und Gretel"

Meldungen
- Butterberg, Schweineberg, Milch- und Weinsee, „Zuckerrüben auf der Autobahn."

Fragen
- „Als Adam grub und Eva spann, wo war denn da der Edelmann?"
- „Wer will denn heute noch Bäuerin werden?"

Mittlere Spalte:

- Schutz und Abhängigkeit
- Sozialer Zwang und Herrschaft
- Religion und Herrschaftssicherung
- Zusammenhang von gesellschaftlichem und natürlichem Lebenszyklus
- Existenzsicherung durch Zerstörung
- Produktion und Gewinn
- Gesellschaftliche Arbeit und gesellschaftliches Ansehen

Rechte Spalte:

Lebens- und Herrschaftsformen im Mittelalter: Grundherrschaft, Lehenswesen und Dorfleben
- Herren, Hörige, Knechte, Bauern, Dienstmannen und niederer Klerus („familia"), Gesellschaftspyramide
- Treueid (Herr und Gefolgsmann)
- Abgaben, Frondienste, Gerichtsbarkeit, Nachbarschaftsordnung
- Leben auf der Burg
- Arbeit: Natur- und Jahreszyklen, Urbarmachung, (geschlechtsspezifische) Arbeitsteilung, Technik, Produkte, Konsum, Vorsorge, Handel und Verteilung
- Grundbedürfnisse und -erfahrungen: Wohnen, Essen, Heizen, Krankheit, Gebären, Sterben
- Soziale Ordnung, sozialer Zwang; geschlechtsspezifische Rollenverteilung, Kindheit, Familie, Alter, Familienangelegenheiten; Fremde
- Christlich-kirchlicher Alltag und Jahreszyklus
- Rechte und Pflichten gegenüber der Herrschaft
- Landflucht (Ausmaß und Gründe)

Bevölkerungsentwicklung und Nahrungsmittelproduktion; Handel, Geld

Hungersnöte, Pest

Bauernwiderstand: Bauernaufstände und Bauernkriege (Ursachen, Forderungen)

Landwirtschaft heute
- Verhältnis zu den übrigen Produktionsbereichen (Beschäftigte, Sozialprodukt)
- Prestige
- EG: Subventionen, Interventionen, Flächenstillegungen, Bauernwiderstand
- Dritte Welt: Hunger, Rodung, Düngung, Monokulturen, Weltkonkurrenz, Nahrungsmittelkonzerne
- Ökologie: Flurbereinigung, Wasserregulierung, Düngung, Unkrautvernichtung

TE 6

„Stadtluft und Freiheit"

Gegenstandsbereich:
Arbeit, Freizeit und öffentliches Leben in der Stadt im Mittelalter und heute; soziale Gruppen, Geschlechterrollen; Stadtentstehung und Stadtentwicklung; Selbstverwaltung; Landflucht/Stadtflucht; Pest, Ökologie.

Kategorien/Strukturbegriffe:
– Schicht/Klasse/Stand
– Geschlecht
– Handeln

– Territorialität
– Sozialisation/Alltag
– Partizipation/Kompromiß/
  Koalition
– Freiheit/Unfreiheit

Schlüsselprobleme:
Mitverantwortung für das Recht des Menschen auf soziale, wirtschaftliche und politische Partizipation. (7)

ergänzend: 9 und 2

Intention:
Erkennen, wie wirtschaftliche, soziale und politische Verhältnisse städtischen Lebens sich entwickelt und verändert haben und vor welchen Herausforderungen Städte heute stehen, sowie bereit sein, mit geeigneten Mitteln auf die Entwicklung der eigenen Gemeinde Einfluß zu nehmen.

Politische Qualifikationen:
Fähigkeit und Bereitschaft, die Chancen zur Einflußnahme auf gesellschaftliche Strukturen, Herrschaftsverhältnisse und Entscheidungsprozesse zu erkennen, zu nutzen und zu erweitern. (2)

ergänzend: 11

Historische Qualifikationen:
Fähigkeit zu erkennen, daß Wandel und Veränderung historisch durch eine Vielzahl von Faktoren bewirkt werden können, und Bereitschaft, historische Fragen dementsprechend kritisch nachzugehen. (3)

ergänzend: 8

Subjektive Betroffenheit, Interesse
„Was mich/uns betrifft und interessiert"

„Stadtluft macht frei!"

Sprüche
- „Lehrjahre sind keine Herrenjahre!"
- „bewandert", „zünftig", „Bitte nicht an die große Glocke hängen!", „Man muß es anprangern.", „Schuster, bleib bei deinen Leisten!", „Spießbürger!"

Stadtpläne
- „Judengasse", „Färbergasse", „Mauspfad" (Maut), „Ring", „Am Wall", „Boulevard", „Ratskeller", „Hansestuben", „Münster", „Hospiz", „Heumarkt", „Griechenmarkt"

Angebot, Leistung, Ordnung
- Fach- und Notarzt, Stadtbad, -bibliothek, -theater, Stadion, Vergnügungsviertel, „Intercity", Hundemarke, Gewerbesteuer, Berufsschule, Arbeitsamt

Erfahrungen
- „Das bekommst du nur in der Stadt." „Samstags geht's ins Grüne." „Smogalarm", „Tempo 30", „Das Parken auf dem Bürgersteig ..." „Als Mädchen nachts auf der Straße ..."

Meldungen und Fragen
- Einzelhändler und Stahlkocher gemeinsam gegen Schließung."
- Parkplatz oder Spielplatz?"

Hypothesen über Zusammenhänge und Strukturen
„Was wichtig bleibt"

- Interesse und Partizipation
- Ökonomische Macht und politische Herrschaft
- Konflikt und Raum
- Konflikt und Solidarität
- Sozial-ökonomische Zwänge, Selbstbestimmung und individuelle Entfaltungschancen
- Sozialer Zwang und Toleranz

Historisches und politisches Geschehen, Ereignisse, Personen
„Was überliefert ist, was sich ereignet"

Bevölkerungsentwicklung und Städtegründungen im Mittelalter

Leben und Arbeiten in mittelalterlichen Städten:

Wirtschaft: Handwerk (Zunftwesen: Lehre, Gesellen, Meister); Markt; Fernhandel (städtischer Grundbesitz, „Geschlechter"); Geldwirtschaft

Soziologie: soziale Schichtung (Patrizier, Bürger, unterständische Gruppen); Mobilität; soziale Versorgung (Stadtklöster etc.), Bildung und Wissenschaft; Armut, Krankheit, Kriminalität

- Frauen (Arbeit, Meisterinnen, Dienerinnen; Ehe und Familie; Bildung; Medizin; Frauenklöster; „Engelmacherinnen", Dirnen und Beginen)
- Juden (Ghettos, Berufe, kulturelle Leistungen, Verhältnis zu Christen und Kirche, Antijudaismus, Pogrome)

Politik: „Inseln des freieren Rechts"; Selbstverwaltung und Partizipation; Bürgerkämpfe, Stadtrecht, Schutzherr; Städtebünde (Hanse)

Kommunalpolitische Entscheidungsfelder und Bürgerbeteiligung heute:
- Gewerbeansiedlung, Gewerbesteuer; Notdienst; Krankenhäuser; Stadtsanierung und Stadtgeschichte; Kultur, Vergnügung, Jugendzentren, Sport ...; Bildung (Schulen, Schulbezirke, VHS ...); Bebauungspläne, Grundstückspreise, Verkehrsplanung
- Stadt und Umwelt (Natur, Versorgung, Müll ...); Stadtflucht

Kommunale Ämter: Ordnungsamt, Sozialamt, Gesundheitsamt, Stadtwerke

Politische Arbeit in Öffentlichkeit und in Gremien: Zeitunglesen, Leserbriefe; Bürgersprechstunden, -anhörungen, -initiativen; Interessendefinition, Anträge, Beschlüsse, Beschlußkontrolle

TE 7   „Kirche und Welt"

Gegenstandsbereich:

Christentum als historisch prägende gesellschaftliche Kraft; Christianisierungen; geistliche und weltliche Herrschaft, Kirche im Mittelalter; Reformation; Kirche und Staat; kulturelle und zivilisatorische Leistungen, Fehlentwicklungen; Kirchen heute.

Schlüsselprobleme:

Mitverantwortung für das Streben von Individuen und Völkern nach kultureller Identität. (5)

ergänzend: 9 und 10

Politische Qualifikationen:

Fähigkeit und Bereitschaft, sich in den gesellschaftlichen, politischen und wirtschaftlichen Ordnungen zu orientieren, sie einschließlich ihrer Zwänge und Herrschaftsverhältnisse nicht ungeprüft hinzunehmen, sondern sie auf ihren Sinn, ihre Zwecke und Notwendigkeiten hin zu befragen und die ihnen zugrunde liegenden Interessen, Normen und Wertvorstellungen kritisch zu prüfen. (1)

ergänzend: 3 und 7

Intention:

Die Geschichte des Christentums in ihren wichtigsten Phasen kennen und erkennen, inwiefern unsere Gesellschaft bis heute von dieser Geschichte geprägt ist, sowie bereit und fähig sein, seine kulturellen und zivilisatorischen Leistungen zu erkennen und anzuerkennen, aber auch Fehlentwicklungen wahrzunehmen und angemessen kritisch zu beurteilen.

Kategorien/Strukturbegriffe:

– Zeit
– Handeln
– Erleben und Erleiden
– Geschlecht
– Kontinuität/Diskontinuität
– Perspektivität
– Lebensgeschichte/Sozialisation und Alltag
– Macht und Machtverhältnisse
– Konflikt/Opposition/Widerstand

Historische Qualifikationen:

Fähigkeit zu erkennen, daß jede Generation in ihren Daseinsmöglichkeiten und ihrem Bewußtsein von jeder vorhergehenden oder nachfolgenden Generation abweicht, und Bereitschaft, heutige Wertmaßstäbe und Deutungen differenziert auf das menschliche Handeln und Verhalten in der Vergangenheit zu übertragen. (1)

ergänzend: 9 und 3

Subjektive Betroffenheit, Interesse „Was mich/uns betrifft und interessiert"	Hypothesen über Zusammenhänge und Strukturen „Was wichtig bleibt"	Historisches und politisches Geschehen, Ereignisse, Personen „Was überliefert ist, was sich ereignet"
		Von der christlichen Urgemeinde zur Staatskirche (Konstantin); Christenverfolgungen

⇕

Religion und Herrschaft
- Priestertum und Herrschaft
- Interesse und Religion
- Ambivalenz von Werten und Normen: Konsens oder Doktrin
- Soziale und politische Ambivalenz von Jenseitsglauben
- Unhinterfragbarkeit von Glaubensvorstellungen und alternatives Denken
- Toleranz
- Solidarität als gesellschaftlich-praktisches Prinzip

Kirche im Mittelalter
- Christianisierungen und Mission (z. B. Bonifatius)
- Papst- und Kaisertum (Otto I., Investiturstreit: Heinrich IV., Canossa)
- Klöster, Mönch- und Nonnentum (z. B. Cluny), „ora et labora", Wissenschaft, Schule, Landwirtschaft, Betriebswirtschaft, Gesundheits- und Sozialdienste ... „Alternatives Leben" Bettelorden (Franz von Assisi)
- Kirche, Landadel und Bevölkerung (Eigenkirchen), Kirchen in der Stadt (Stifter)
- „Himmel und Hölle", Volksfrömmigkeit, Wallfahrten und Aberglaube
- Sakralbauten (Kathedralen, Dome, Dorfkirchen)

Reformation
- Ursachen und Folgen
- Luther (Politiker, Bibelübersetzung)
- Bauernkriege, Dreißigjähriger Krieg
- Konfessionalität heute

Leistungen der Kirchen im Sozialen, z. B. Dienste, Kulturellen, z. B. Kunst und Politischen, z. B. Weltkirchenrat; Befreiungstheologie

Fehlentwicklungen, z. B. Inquisition und Frauenverfolgung (Hexen), Antijudaismus, Kreuzzüge, koloniale Mission ...

Kirche, Staat und Gesellschaft heute
- Kirchensteuer, staatlicher Religionsunterricht
- Werte und Normen (Geburtenregelung, Frauen-/Männerrolle, Frieden, Umgang mit der Natur)

Lebensläufe und Jahresläufe
- „...geboren im St.-Josefs-Krankenhaus, getauft in ‚Liebfrauen' auf den Namen Christoph, wohnhaft in der Klostergasse, zur Graf-von-Gahlen-Schule gegangen, Hochzeit in Weiß, Altenheim ‚St. Anna', ‚Ruhe in Frieden', ..."
- „Alle Jahre wieder", Adventskalender, „Am Aschermittwoch ist...", Gründonnerstag im Stau, „Himmelfahrt ist...", Pfingstferien, „Allerheiligenkirmes", St. Martin

Traditionen
- „Grüß Gott!", „Tschüß!", „Herrje!", „Frauen haben in der Kirche zu schweigen..."
- „Das Wort zum Sonntag"

Erfahrungen
- „... mit der evangelischen Jugend unterwegs", „Die Caritas hilft", Johanniter-Rettungsdienst
- „Du sollst nicht...!"

Meldungen
- „Gewerkschaften und Kirchen einig: keine Sonntagsarbeit!"
- „... gegen Kirchensteuer"
- „Drei Tote im katholischen Teil von Belfast"
- „Scheidungsrate erneut gestiegen."

Fragen
- „Wieso eigentlich staatlicher Religionsunterricht?"
- „Religionsmündig – was ist das?"

TE 8

„Der Weg nach Indien"

Gegenstandsbereich:

Entdeckungen, Eroberungen, Erschließung der Welt für Europa; Entfaltung der europäischen Wirtschaft und koloniale Unterdrückung; Ambivalenz von Kulturbegegnung und -zerstörung, Mission; Konsumimperialismus und Nivellierung kultureller Vielfalt in der Welt.

Kategorien/Strukturbegriffe:

- Zeit
- Raum
- Erleben und Erleiden
- Gleichzeitigkeit des Ungleich-zeitigen
- Perspektivität
- Territorialität und Universalität historischer Prozesse
- Kontinuität/Diskontinuität
- Macht und Machtverhältnisse
- Freiheit/Unfreiheit, Menschenwürde

Historische Qualifikationen:

Fähigkeit und Bereitschaft, zu erkennen, daß Menschen Chancen haben, den Lauf der Geschichte zu beeinflussen, daß aber das Ergebnis ihrer Einflußnahme häufig nicht ihren Intentionen entspricht. (5)

ergänzend: 1

Intention:

Erkennen, daß die von den Europäern gemachten weltweiten Entdeckungen ein wesentlicher Schritt in die Moderne gewesen sind, aber auch zugleich für viele andere Kulturen Bruch und Ende und für deren Menschen Leid, Identitätsverlust und Tod bedeuteten, sowie bereit sein, im Wissen um die Ambivalenz moderner Zivilisationsprozesse dazu beizutragen, daß gegenüber schwächeren Völkern und Gesellschaften politische, ökonomische und kulturelle Toleranz und Solidarität geübt wird.

Schlüsselprobleme:

Mitverantwortung für das Streben von Individuen und Völkern nach kultureller Identität. (5)

ergänzend: 3 und 1

Politische Qualifikationen:

Fähigkeit und Bereitschaft, sowohl eigene Rechte wahrzunehmen und eigene Interessen nach Möglichkeit solidarisch und kompromißbereit zu vertreten als auch gesellschaftliche Interessen Benachteiligter zu erkennen und ihnen gegebenenfalls Vorrang zu geben. (5)

ergänzend: 7

Subjektive Betroffenheit, Interesse „Was mich/uns betrifft und interessiert"	Hypothesen über Zusammenhänge und Strukturen „Was wichtig bleibt"	Historisches und politisches Geschehen, Ereignisse, Personen „Was überliefert ist, was sich ereignet"

Subjektive Betroffenheit, Interesse
„Was mich/uns betrifft und interessiert"

Sprüche
- „Das Ei des Kolumbus"; „Ihr Pfeffer-säcke!" – „Bleib doch, wo der Pfeffer wächst!"; „Montezumas Rache"

Geschichten und Abenteuer
- Robinson Crusoe; „Der Goldschatz der Azteken" ...

Utopien
- Enge fliehen, Auswege suchen, das Weite suchen
- Verborgene Schätze finden – reich werden ohne Arbeit wie beim Lotto
- Aussteiger, Weltenbummler, Auswanderer
- Tourismus: „Entdecken Sie die Karibik neu", „Indios zum Anfassen", „In sieben Stunden, wozu Kolumbus Monate brauchte und alles pauschal und inklusiv"

Fragen
- „Wie fühlt man sich als Entdeckter?"
- „Heißt nicht ‚entdecken' auch die Decke, das Dach, den Schutz wegnehmen?"
- „Warum lassen wir Menschen, die so ganz anders leben als wir, nicht in Ruhe?"
- „Was sind eigentlich Kolonialwaren?"

Hypothesen über Zusammenhänge und Strukturen
„Was wichtig bleibt"

- Ambivalenz des Entdeckens für Entdeckende und Entdeckte
- Ambivalenz der Grenz-überschreitung
- Faszination des Fernen und Unbekannten
- Gesellschaftliche und kulturelle Kontinuität und Diskontinuität als Machtfrage
- Zerstörung von Ungleich-zeitigem in der gleichen Zeit
- Die Menschenwürde der Schwachen: schwache Menschenwürde?
- Geschichte veredelt
- Relativität der Moral?
- Das Spannungsverhältnis von Religion und Wissenschaft

Historisches und politisches Geschehen, Ereignisse, Personen
„Was überliefert ist, was sich ereignet"

Politische, ökonomische und kulturelle Entstehungs-bedingungen der „Neuen Welt"
- Islam und Osmanisches Reich und der Zugang zu den Reichtümern Asiens („Westweg" nach Indien)
- Geldwirtschaft Europas vor dem Zusammenbruch
- Von der Theologie zur Geographie, vom Glaubenssatz zu Kompaß und Seekarte: Die Erde ist eine Kugel.

Die „unentdeckte Welt"
- Amerika: Inkas und Azteken
- Gesellschaften und Staaten in Westafrika (z. B. Mali)

Eindringen der Europäer und Kolonialherrschaft
- Eroberungs- und Herrschaftspraxis (z. B. Cortez, Pizarro)
- „Gott ist im Himmel, der König weit, hier befehle ich!" – Las Casas „Vater der Indianer"
- Ökonomie: Berge von Silber; Handel: Rohstoffe/Fertig-waren, Sklaven-Dreieckshandel; die Fugger
- Christentum, Kirche und Kolonialherrschaft (z. B. Jesuiten in Paraguay)
- Vernichtungsbilanz, z. B. Bevölkerungsentwicklung in Mittelamerika zwischen 1520 und 1600
- „Neue Welt" für die einen, Weltende für die anderen

Armut und Reichtum, Militär und Demokratie, Christentum und Herrschaft in Lateinamerika heute
- Kinder in Lateinamerika; Großgrundbesitz;
- Militärdiktaturen (z. B. Chile – unter Pinochet)
- Revolutionen (z. B. Nicaragua – gegen das Somoza-Regime)
- Staatskirchen, Klerus und Theologie der Befreiung

Indianische Kulturreste als Tourismusattraktion

TE 9   „Freiheit – Gleichheit – Brüderlichkeit"

Gegenstandsbereich:

Absolutismus und Französische Revolution: der Absolutismus in Frankreich als historische Bedingung der ‚großen'
Revolution; Ausbeutung, Privilegierung, der Dritte Stand; Verlauf und Ergebnisse der Französischen Revolution; Symbol
demokratischer Partizipationsbewegungen

Kategorien/Strukturbegriffe:

– Erleben und Erleiden
– Handeln
– Situation
– Schicht/Klasse/Stand

– Kontinuität/Diskontinuität
– historische Kausalität
– Diskrepanz von menschlicher In-
  tention und historischem Ergebnis
– Konflikt
– Freiheit/Unfreiheit, Menschen-
  würde
– Partizipation

Schlüsselprobleme:

Mitverantwortung für das Recht
des Menschen auf soziale, wirtschaftliche und politische Partizipation. (7)

ergänzend: 10

Intention:

Ursachen, Anlaß und
Verlauf der Französischen
Revolution kennenlernen, die
Intentionen der Revolutionäre mit
den historischen Ergebnissen der
Revolution vergleichend untersuchen können und langfristige
historisch-politische Folgen für die
Entwicklung von Demokratie und
sozialer Gerechtigkeit erkennen
sowie in der Lage sein, eigenes
politisches Handeln an der
demokratischen Tradition
der Französischen
Revolution zu
orientieren.

Politische Qualifikationen:

Fähigkeit und Bereitschaft, in
politischen Alternativen zu denken,
Partei zu ergreifen und gegebe-
nenfalls auch angesichts von
Widerständen und persönlichen
Nachteilen zu versuchen, Entschei-
dungen nach demokratischen
Regeln zu verwirklichen. (4)

ergänzend: 2 und 6

Historische Qualifikationen:

Fähigkeit zu erkennen, daß das
Handeln der Menschen durch ihre
Gegenwart und die ihr vorausgegangene Vergangenheit
bestimmt wird und dennoch
Zukunft in noch nicht dagewesener
Weise gestalten kann sowie Bereitschaft, Zukunftsziele zu setzen
und zu verfolgen. (2)

ergänzend: 3 und 4

Subjektive Betroffenheit, Interesse „Was mich/uns betrifft und interessiert"	Hypothesen über Zusammenhänge und Strukturen „Was wichtig bleibt"	Historisches und politisches Geschehen, Ereignisse, Personen „Was überliefert ist, was sich ereignet"

⇕ ⇕

„... auf die Barrikaden gehen."

Sprüche und Aussprüche
- „... auch Menschen!", „Nieder mit ...!", „Gemeinsam sind wir stark!", „Ruhe ist die erste Bürgerpflicht.", „Gleiches Recht für alle!", „Selber denken!"

Aus dem Wörterbuch des Protests
- „Demos, Wasserwerfer, Menschenkette, Landfriedensbruch, Chaoten, Flugblatt, Vermummungsverbot, Sitzblockade, Tränengas, ...

Meldungen
- „Die Rechte warnt vor Links-Regierung"
- „Terrorakt der Revolutionären Zellen"
- „Betriebsräte entlassen"

Hoffmann von Fallersleben:
- „Nicht betteln, nicht bitten! Nur mutig gestritten! Nie kämpft sich schlecht. Für Freiheit und Recht." (1820)

Menschenrechte
- „Die Menschen werden frei und gleich an Rechten geboren und bleiben es." (1791)
- Grundgesetz, Artikel 1–19

Fragen
- „Freiheit und Gerechtigkeit ohne Gewalt – geht das?"
- ...

Mittlere Spalte:

- Kontinuität und Diskontinuität historischer Prozesse
- Menschliche Grundbedürfnisse und Gesellschaftsordnung
- Soziale Ungleichheit und politisches Handeln
- Der Zusammenhang von Situation, Entscheidung, Handeln und Verantwortung
- Die Diskrepanz von Intention und Ergebnis menschlichen Handelns
- Die Ambivalenz von gesellschaftlicher und politischer Gewalt

Rechte Spalte:

200 Jahre Revolutionen (wichtige Elemente des Revolutions-begriffs)

Französische Revolution
- Verlauf: Bastille, Frauenrevolte, Verfassung von 1791, Terror, ... (Napoleon)
- Ursachen: Hungersnöte (Bevölkerungsentwicklung, „Kleine Eiszeit"), Armut, Steuern, Frondienste, Kriegsdienst, Privilegien, Luxus, Staatsbankrott
- Forderungen: Menschenrechte, soziale Gerechtigkeit, Mitbestimmung (amerikanische Revolution, Aufklärung)

Revolutionen des 19. und 20. Jahrhunderts (Voraussetzungen, Ziele, Ergebnisse)
- 1848, 1911 (China), 1917 (Rußland), 1918, 1922 (Türkei), ...

Staatsverständnis
- „Der Staat bin ich." (Ludwig XIV.)
- „Ich bin der Erste Diener des Staates." (Friedrich II. von Preußen)
- „Der Ursprung jeder Herrschaft liegt wesensmäßig beim Volke."; Menschen- und Bürgerrechte vom 26. August 1789
- „Alle Staatsgewalt geht vom Volke aus."; Grundgesetz, Artikel 20, Absatz 2

Aufklärung als Befreiung aus „selbstverschuldeter Unmündigkeit" (Kant)
- Vernunft und Kritik; Bildung und Schule für alle;
- Enzyklopädien
- Öffentlichkeit und Kommunikation; Zeitungen und Presse; Interessengebundenheit, Zensur, Manipulation; Art. 5, GG

Partizipation und Partizipationsformen in der Gesellschaft (Politik, Arbeit, Schule ...)

Unterdrückung der Menschenrechte in der Welt
- Völkermord, politische Justiz, Folter, Todesstrafe, Apartheid, Ausbürgerung, ...
- Menschenrechtskommission der UN, Amnesty International; Asyl und Asylrecht

TE 10 „Sein Hunger wird die Erde verzehren"

Gegenstandsbereich:
Geschichte der nordamerikanischen Urbevölkerung; Verhältnis von Mensch und Natur; Ausrottung der Indianer; Geschichte der USA; Rolle des christlichen und des rechtlich-ökonomischen Denkens; Reservate und Western-Romantik.

Schlüsselprobleme:
Mitverantwortung für die Gewährleistung und Wahrung der Menschenrechte. (10)
ergänzend: 2

Politische Qualifikationen:
Fähigkeit und Bereitschaft, Kommunikation und ihre Bedingungen in Gesellschaft, Politik und Wirtschaft zu analysieren, auf Motive, Interessen und Machtgefälle zu prüfen und die Chancen zur Teilnahme zu erweitern. (3)
ergänzend: 7

Intention:
Die Lebensweise der nordamerikanischen Indianer und ihr Verhältnis zur Natur sowie den Verlauf, die Motive, die Methoden und das Ausmaß ihrer Vernichtung durch die in Amerika eindringenden Europäer kennenlernen und prüfen, inwieweit auch angesichts des heutigen Lebens in den Reservaten die Western-Romantik mit einem historischen und menschenwürdigen Andenken an die Indianer vereinbar ist.

Kategorien/Strukturbegriffe:
– Erleben und Erleiden
– Raum
– Kontinuität/Diskontinuität
– Perspektivität
– Macht und Machtverhältnisse
– Interesse/Ideologie/Kritik
– Freiheit/Unfreiheit, Menschenwürde

Historische Qualifikationen:
Fähigkeit und Bereitschaft, historische Vorurteile und Irrtümer über historische Sachverhalte zu erkennen und zu korrigieren. (9)
ergänzend: 1

Subjektive Betroffenheit, Interesse „Was mich/uns betrifft und interessiert"	Hypothesen über Zusammenhänge und Strukturen „Was wichtig bleibt"	Historisches und politisches Geschehen, Ereignisse, Personen „Was überliefert ist, was sich ereignet"

⟺ ⟺ ⟺

Spalte 1: Subjektive Betroffenheit, Interesse „Was mich/uns betrifft und interessiert"

„Der letzte Mohikaner" – Wieso der „letzte"?

Romantik
- Westernfilme, -romane, -comics ...
- Karl May: „Der gute und edle Deutsche"
- Karneval: „Mal Cowboy sein mit Colt"
- Wilder Westen: „Freiheit und Abenteuer", „Töten ohne Reue"
- Indianer und alternative Lebensträume
- Indianer sind sympathisch, weil sie die Schwächeren waren (fairplay).

Fragen
- „Wem gehört die bewohnbare Erde?"
- „Wem gehört ‚unser Land'?"
- „Wieso hat der Stärkere recht?"
- „Sind Menschen nicht Menschen?"
- „Wer waren eigentlich die ‚Wilden' im ‚Wilden Westen'?"
- „Weshalb erzählt man uns nur die halbe Wahrheit?"
- „Wieso sind die Indianer heute bei uns ein Symbol für Umweltschutz?"

Spalte 2: Hypothesen über Zusammenhänge und Strukturen „Was wichtig bleibt"

- Historischer Untergang und historisches Weiterleben – Bruch oder Abbruch der Geschichte
- Landeigentum als gesellschaftliches Prinzip
- Ökonomie und Ökologie: Rodung, Urbarmachung, Kultivierung
- Norm und Wirklichkeit der Menschenrechte
- Menschen und Religion – Höherwertigkeit und Minderwertigkeit als Weltanschauung, „Auserwähltsein" als kollektive historische Kraft
- Herrschende Geschichtsauffassung und Geschichtsauffassung der Herrschenden
- Das „Recht" des Stärkeren als Faktum und als Ideologie
- Amerika-Bewunderung und Antiamerikanismus

Spalte 3: Historisches und politisches Geschehen, Ereignisse, Personen „Was überliefert ist, was sich ereignet"

Einwanderung der indianischen Urbevölkerung in das menschenleere Amerika
- Lebensweisen: Sammler, Jäger, Ackerbauern, Nomadentum und Seßhaftigkeit; Pueblos, Städte, Staaten; indianische Zivilisation und das Verhältnis zur Natur
- Krieg und Frieden, z. B. der 300jährige Frieden der Irokesenstämme

Eindringen und Landnahme der Europäer seit dem 17. Jahrhundert
- Von der Kolonie zur Staatenbildung, Unabhängigkeitskriege, Gründung der USA, Frontier

Ausrottung der Indianer und Vernichtung ihrer Kultur 1790–1890 an Beispielen
- „Pfad der Tränen" – die Cherokee-Indianer 1829–1887
- „Sein Hunger wird die Erde verzehren" – Häuptling Seattle 1854
- Die Sioux
- Geschäfts- und Kapitalinteressen, Eisenbahngesellschaften, US-Militär, Siedler, Abenteurer, Kriminelle
- Indianerpolitik: Vertreibung („Gesetz zur Entfernung der Indianer" 1830), betrügerische Verträge („Ewige Grenze"), Massentötungen, Alkohol als Waffe (siehe Tocqueville), Kälte- und Hungertod, Reservationen (1934), Bürgerrechte (1953), erste Entschädigungsprozesse seit 1980
- Gegenwehr, z. B. Little-Big-Horn
- US-Verfassung und Wirklichkeit, christliche Legitimierung, ökonomischer Erfolg als gesellschaftliches Prinzip
- Rezeption: rassistische Wahrnehmung (Ende des 19. Jahrhunderts); Wildwestromantik (als Werbung und Verdrängung der Vergangenheit; kritische Aufarbeitung in Wissenschaft und Kunst (z. B. Film „Ich kämpfe nie wieder", Häuptling Joseph)

TE 11 „Fortschritt"

Gegenstandsbereich:

Industrie, Mensch und Natur; Industrielle Revolution, technischer Fortschritt und soziale Not, ökonomische Expansion und kostenlose Natur; Kapitalismus/Sozialismus; Arbeiterbewegung und Unternehmertum; Neue Technologien.

Kategorien/Strukturbegriffe:

– Schicht/Klasse
– Erleben und Erleiden
– Handeln

– Diskrepanz von menschlicher Intention und historischem Ergebnis
– Perspektivität
– Lebensgeschichte/Sozialisation und Alltag
– Konflikt/Opposition/Widerstand
– Interesse/Ideologie/Kritik

Schlüsselprobleme:

Mitverantwortung für den Erhalt bzw. das Streben nach Humanität in einer sich wandelnden Berufs- und Arbeitswelt. (6)

ergänzend: 2 und 10

Politische Qualifikationen:

Fähigkeit und Bereitschaft, sowohl eigene Rechte wahrzunehmen und eigene Interessen nach Möglichkeit solidarisch als auch gesellschaft-liche Interessen Benachteiligter zu erkennen und ihnen gegebenen-falls Vorrang zu geben. (5)

ergänzend: 12 und 3

Intention:

Einsicht in die Wechsel-wirkungen ökonomischer, technischer und politisch-sozialer Verhältnisse im industriellen Wan-del sowie Bereitschaft, durch eige-nes politisches Handeln am Auf-bau einer menschenwürdigen und naturverträglichen industriellen Gesellschaftsordnung mitzuwirken.

Historische Qualifikationen:

Fähigkeit und Bereitschaft, Lebensbedingungen und Hand-lungsmöglichkeiten daraufhin zu befragen, ob und inwieweit sie vom Geschlecht, von der Zugehörigkeit zu sozialen Gruppen oder anderen Faktoren abhängen. (6)

ergänzend: 4 und 7

Subjektive Betroffenheit, Interesse „Was mich/uns betrifft und interessiert"	⇕	Hypothesen über Zusammenhänge und Strukturen „Was wichtig bleibt"	⇕	Historisches und politisches Geschehen, Ereignisse, Personen „Was überliefert ist, was sich ereignet"

Spalte 1 — Subjektive Betroffenheit, Interesse
„Was mich/uns betrifft und interessiert"

„Wer rastet, der rostet."

Sprüche
- „Draußen vor bleiben", „Die Knochen hinhalten", „Wer bekommt schon etwas geschenkt im Leben?", „Geld macht nicht glücklich!"

Autos, Öle, Computer
- „Neu und stark!", „Volle Kraft."
- „Alles super!", „Mit ABS und Bordcomputer" „... auf 180 gebracht."
- „Packen wir's an!"

Aus der Welt der Arbeit
- „Kumpel", „Mitarbeiter", „Kollege und Kollegin", „Genosse", „Die Frauen von Rheinhausen"
- „35-Stunden-Woche", „Sonntagsarbeit", „Streik", „Aussperrung", „Schwarzarbeit", „Rationalisierung", „Freizetzung", „Stillegung", „Betriebsrat"
- „Staublunge", „Bandscheibenvorfall", „PVC-Hände", „Stress", „Lohnfortzahlung"

Heinrich Heine
- „... Wir weben, wir weben!"

Meldungen aus Ökonomie und Ökologie
- „Industrieansiedlung", „Wachstumsindustrien", „Investitionen", „Wettbewerbsfähigkeit", „Standort", „Entsorgung", „Altlasten", „Blauer Himmel über der Ruhr"

Fragen
- „Wieso kann Geld arbeiten?"
- „Warum sollen Dauerarbeitslose aus der Statistik gestrichen werden?"

Spalte 2 — Hypothesen über Zusammenhänge und Strukturen
„Was wichtig bleibt"

- Ambivalenz des technischen Fortschritts
- Technischer Fortschritt als irreversibler historischer Prozeß
- Soziale Ungleichheit und gesellschaftlicher Fortschritt
- Schichten- und klassenspezifische Relativität von persönlicher Freiheit
- Interesse, Bewußtsein und Herrschaft
- Klassen- und schichtenspezifische Perspektivität von gesellschaftlichem Fortschritt
- Ökonomische Abhängigkeit und politisch-soziale Konfliktfähigkeit

Spalte 3 — Historisches und politisches Geschehen, Ereignisse, Personen
„Was überliefert ist, was sich ereignet"

Industrialisierung und industrielle Revolution (Zeitleisten):
- Bevölkerungsentwicklung und Verstädterung
- Vom Handwerk zur Industriearbeit
- Kapitalbildung und -konzentration
- Energie- und Naturverbrauch
- Technischer Fortschritt, Unternehmertum, Konsum
- Chancen und Risiken durch Informations- und Kommunikationstechnologien

Leben mit der Industrie
- Arbeit als Ware, Arbeitszeit, Arbeitslosigkeit
- Kinderarbeit, Frauenarbeit, „Arbeiterfamilie"
- Umweltzerstörung, Unfälle, Kriminalität

Rheinprovinz und Westfalen (Standortbezug!)
- Schwerindustrie (Stahl, Eisenbahn, Waffen); Fabrikarbeit (z. B. Krupp: Betriebshierarchie, Arbeitsdisziplin, Mängelstrafen, Berufsethos, soziale Fürsorge und Kontrolle...)
- Bergbau: „Preußens Wilder Westen" (Unternehmergewinne und Klassenbewußtsein, Streiks ohne und gegen die Gewerkschaften, „Gastarbeiter aus Polen"...)
- Textilindustrie, z. B. Ostwestfalen (Spinnerinnen, Weber (-innen); Heimarbeit, Handarbeit, Maschinenarbeit, Lohnarbeit; Rationalisierung, Maschinenprotest...)
- Armut und existentielle Not (z. B. in Wuppertal: Armenpflege, -häuser, -steuer; Armenzucht, -polizei; „Kultur der Armut"...)
- „Wir in Nordrhein-Westfalen": Strukturkrise und Arbeitslosigkeit, Neue Technologien... (Rheinhausen, Hattingen...)

Staat, Politik und „soziale Frage"
- Arbeiterbewegung (SPD, Gewerkschaften, Marx, Engels, Lassalle)
- Christliche Sozialpolitik (Kolping, Wichern)
- Sozialgesetzgebung, Sozialistengesetz (Bismarck)
- Tarifautonomie, Mitbestimmung, Betriebsverfassung
- sozialverträgliche Technikgestaltung und Humanisierung der Arbeitswelt

TE 12 „Heil Dir im Siegerkranz"

Gegenstandsbereich:
Nationalismus, Imperialismus, Erster Weltkrieg; die Nation als Option für Selbstbestimmung; deutscher Imperialismus; Militarismus, Heroisierung und Industrialisierung des Krieges; politische, soziale und ökonomische Ergebnisse des Weltkrieges.

Kategorien/Strukturbegriffe:
– Raum
– Handeln
– Situation
– Geschlecht

– Diskrepanz von menschlicher Intention und historischem Ergebnis
– Territorialität und Universalität historischer Prozesse
– Macht/Machtverhältnisse
– Interesse/Ideologie/Kritik

Schlüsselprobleme:
Mitverantwortung für den Frieden als individuelle und globale Aufgabe. (1)

ergänzend: 4

Intention:
Ausdrucksformen und Strukturen imperialistischer Politik kennenlernen, die Kriegsbedeutsamkeit des Zusammenhangs von imperialistisch-nationalistischer Ideologie und Propaganda, rücksichtsloser Verfolgung ökonomischer Interessen und Militarismus untersuchen können sowie die Diskrepanz zwischen den Kriegszielen aller Beteiligten und den Ergebnissen des Weltkrieges erkennen und bewerten können.

Historische Qualifikationen:
Fähigkeit und Bereitschaft, zu erkennen, daß Menschen Chancen haben, den Lauf der Geschichte zu beeinflussen, daß aber das Ergebnis ihrer Einflußnahme häufig nicht ihren Intentionen entspricht. (5)

ergänzend: 7

Politische Qualifikationen:
Fähigkeit und Bereitschaft, Kommunikation und ihre Bedingungen in Gesellschaft, Politik und Wirtschaft zu analysieren, auf Motive, Interessen und Machtgefälle zu prüfen und die Chancen zur Teilnahme zu erweitern. (3)

ergänzend: 10

Subjektive Betroffenheit, Interesse „Was mich/uns betrifft und interessiert"	Hypothesen über Zusammenhänge und Strukturen „Was wichtig bleibt"	Historisches und politisches Geschehen, Ereignisse, Personen „Was überliefert ist, was sich ereignet"

„Ein Platz an der Sonne."

Sprüche
- „Black is beautiful."
- „... aber nicht auf meine Kosten!"
- „Ich kenne keine Parteien mehr."
- „Vaterlandsverräter!", „Die gute alte Zeit.", „Viel Panzer, wenig Hirn.", „Die Schule der Nation."

Symbole
- „Dicke Berta", „Villa Hügel", „Fremdenlegion", „Säbelrasseln", „Verdun", „Empire-State-Building", „Orientexpress".
- „Deutschland, Deutschland über alles ...", „Heil Dir im Siegerkranz"
- Medaillenspiegel

Stadtpläne
- „Kaiser-Wilhelm-Brücke", „Bismarckturm", „Hindenburgplatz", „Kriegerdenkmal"

Freizeit
- „Schiffe versenken"

Meldungen
- „Der Dollar steigt ... und fällt."
- „Benzin und Heizöl: so billig/teuer wie noch nie!"
- „Optikkonzern verlagert Produktion nach Singapur."
- „Geleitschutz für Supertanker"

Meinungen
- „Immerhin hat der Weltkrieg die Berufstätigkeit der Frauen gefördert."

Fragen
- „Gibt es Deutsche schwarzer Hautfarbe?"
- „Asyl ja – aber politisch den Mund halten."
- „Was gehen uns deren Probleme an?"

- Politische Intention und historisches Ergebnis
- Kurzfristige Ergebnisse politischen Handelns und langfristige Folgen
- Akkumulation politischer Macht und potentielle Konfliktenergie
- Identität individueller und kollektiver Identität sowie politische Rationalität
- Höherwertigkeit und Minderwertigkeit von Menschen als Ideologie

---

Die imperialistische Aufteilung der Welt (geographischer Überblick): Kolonialmächte, Kolonien (exemplarisch)

Imperialistische Interessen: Rohstoffe und Absatzmärkte

Ideologien
- Briten (Herrenrasse), Franzosen (Zivilisation), Rußland (territoriale Ansiedlung, Panslawismus), ...
- Deutschland: „Platz an der Sonne" (Regierung, Wirtschaft, Arbeiterbewegung)

Imperialistische Politik und Konflikte (exemplarisch)
- Briten in Indien (Mahatma Gandhi, Stützpunktpolitik); Russen und China (Wladiwostok: „Beherrsche den Osten"); USA (Dollarimperialismus), Südafrika (Apartheid und „westliche Interessen"); Auflösung des osmanisch-türkischen Reiches; Deutsche in Afrika (Namibia, Bagdad-bahn)

Das Wilhelminische Deutschland
- Reichsgründung und Demokratie (Bismarck); Industrialisierung, Weltpolitik und Rüstung (Flottenpolitik, Flottenverein); „Der Untertan", Nationalismus und Militarismus; Antisemitismus (Alldeutscher Verband)

Weltkrieg: Anlaß, Ursachen; territoriale (Versailles), politische (Republik), ökonomische (Inflation) und soziale (Frauen und Gesellschaft) Folgen

Folgen des Imperialismus: Rückständigkeit, Unterentwicklung, Armut, Folgekriege

TE 13

„nur" zwölf Jahre"

Gegenstandsbereich:
Auflösung der Weimarer Republik; NS-Herrschaftssystem und faschistische Ideologie; Jugendpolitik; Rassismus, Vernichtung der Juden; Verwüstung Europas; Widerstand und Opportunismus; NS-Prozesse, rechtsextreme Tendenzen heute.

Kategorien/Strukturbegriffe:
– Handeln
– Erleben und Erleiden
– Situation
– Geschlecht
– Kontinuität/Diskontinuität
– Lebensgeschichte/Sozialisation und Alltag
– Freiheit/Unfreiheit, Menschenwürde
– Solidarität und Toleranz
– Konflikt/Opposition/Widerstand

Schlüsselprobleme:
Mitverantwortung für die Gewährleistung und Wahrnehmung der Menschenrechte. (10)

ergänzend: 1 und 7

Politische Qualifikationen:
Fähigkeit und Bereitschaft, angesichts von individuellen und gesellschaftlichen Problemen Eigeninitiative zu entwickeln und die Bedingungen für Eigeninitiativen Benachteiligter zu verbessern. (8)

ergänzend: 3 und 10

Intention:
Ursachen für die Auflösung der Weimarer Demokratie sowie die Prinzipien nationalsozialistischer Herrschaft und Ideologie kennen, sich mit den Ursachen von Holocaust und Weltkrieg auseinandersetzen und erkennen, daß auch Gesellschaften mit großer kultureller Tradition und höchstem zivilisatorischem Niveau in den Zustand äußerster Barbarei und Unmenschlichkeit verfallen können sowie bereit sein, auch als Nachgeborene die historische Verantwortung zu übernehmen und neofaschistischen Bestrebungen politisch kompetent entgegenzutreten.

Historische Qualifikationen:
Fähigkeit und Bereitschaft, historische Vorurteile und Irrtümer über historische Sachverhalte zu erkennen und zu korrigieren. (9)

ergänzend: 3 und 4

Subjektive Betroffenheit, Interesse „Was mich/uns betrifft und interessiert"	Hypothesen über Zusammenhänge und Strukturen „Was wichtig bleibt"	Historisches und politisches Geschehen, Ereignisse, Personen „Was überliefert ist, was sich ereignet"
„... hier muß mal durchgegriffen werden!" Vorurteile und Rechtfertigungsideologien – „... aber die Olympiade" – „... aber die Autobahnen" – „...aber ,er' hat doch die Arbeitslosigkeit" mit – „Was habe ich als ,Nachgeborener' mit dem Holocaust zu tun?" – „Das waren nicht ,die' Deutschen, das waren ein paar Verbrecher, die gibt es überall." – „... Aber die Erfahrungen mit dem Nationalsozialismus, die Kriegskatastrophe und der Holocaust haben uns am Ende die Demokratie gebracht." – „Juden sind..." – „Wir fragen nach unseren versteckten Meinungen über Juden und woher sie kommen. Angst – „Ich habe Angst vor einem neuen Krieg." – „Mich interessieren Kriege nicht, wenn sie nicht hier stattfinden." – „Kriege wird es immer geben." Fragen – „Warum hat denn kaum einer etwas dagegen getan?" – „Sind Juden keine Deutschen, Italiener oder Franzosen?" – „Darf man denn keine Kritik üben an der israelischen Politik?"	– Wirtschaftliche Macht und politische Herrschaft – Wandel der sozialökonomischen Verhältnisse und gesellschaftlicher Grundkonsens – Legalität und Legitimität – Andersartigkeit als Aggressionsgrund – „Höherwertigkeit" und „Minderwertigkeit" menschlichen Lebens als Legitimierung von Unterdrückung – „Auserwähltsein" als kollektive historische Kraft – „Sündenbock"-Schema – Individuelle Moral und kollektives Handeln – Individuum und kollektive Verantwortung	Weimar: Kriegsfolgen (nationale Demütigungen), anti-demokratische Eliten (Reichswehr, Beamtenschaft, Rechtswesen, Großagrarier und Industrie), Wirtschaftskrise (Arbeitslosigkeit), Selbstaufgabe des Parlamentarismus NS-Herrschaft und Ideologie – Staat und Partei (Organisationen: SA, SS, Arbeitsfront, KdF...), Männerbund, Sportpolitik (Turnerfeste, Olympische Spiele), Alltag – Rassen- und Kriegsideologie („Mein Kampf") Judenverfolgung und Holocaust – Nürnberger Gesetze, 9. November 1938, Konzentrationslager, Auschwitz (industrialisierter Mord) Politische Verfolgung von Demokraten (Dachau) Euthanasie und medizinische Versuche an Menschen Verwüstung Europas durch den Zweiten Weltkrieg – Der Weg in den Krieg: Aufrüstung – Militarisierung, Annektionen, Überfälle – Wirtschaft und Krieg, Kriegswirtschaft, Fremdarbeiter, Vorkriegs- und Nachkriegsbilanz der deutschen Unternehmen – Bombenkrieg, Zerstörungs- und Vernichtungsbilanz Widerstand und Opportunismus – Parteien, Gewerkschaften, Kirchen, Militär, Beamtenschaft, Wirtschaft, Wissenschaft und Einzelmenschen „Wiedergutmachung", „Lastenausgleich", „Bewältigung der Geschichte", NS-Prozesse Neofaschismus und Neoantisemitismus

TE 14 „Alle Staatsgewalt geht vom Volke aus"

Gegenstandsbereich:

Leben in der Demokratie (I): Verfassung und Verfassungswirklichkeit in der Bundesrepublik Deutschland und in der Deutschen Demokratischen Republik; historische Wurzeln von Grundgesetz und DDR-Verfassung: 1933–1945, 1918–1933, 1848,. 1789; Gewaltentrennung, Föderalismus; Minderheitenschutz; Rechtsstaat, Sozialstaat, Demokratie- und Friedensgebot.

Schlüsselprobleme:

Mitverantwortung für das Recht des Menschen auf soziale, wirtschaftliche und politische Partizipation. (7)

ergänzend: 10

Politische Qualifikationen:

Fähigkeit und Bereitschaft, die Chancen zur Einflußnahme auf gesellschaftliche, politische und wirtschaftliche Strukturen, Herrschaftsverhältnisse und Entscheidungsprozesse zu erkennen, zu nutzen und zu erweitern. (2)

ergänzend: 4

Kategorien/Strukturbegriffe:

– Zeit
– Handeln
– Situation

– Kontinuität/Diskontinuität
– Perspektivität
– Recht/politische Ordnung und Herrschaft
– Partizipation/Kompromiß/ Koalition

Intention:

Grundlegende Elemente der demokratischen Verfassungsentwicklung in Deutschland bis zum Grundgesetz und zur Verfassung der DDR kennenlernen, ihre geschichtliche Entwicklung als einen gesellschaftlichen Lernprozeß verstehen, an Beispielen die Diskrepanz zwischen Verfassungsnorm und Verfassungswirklichkeit erkennen sowie fähig und bereit sein, die eigenen Möglichkeiten zur Weiterentwicklung der demokratischen Gesellschaft zu erkennen und zu nutzen

Historische Qualifikationen:

Fähigkeit und Bereitschaft, trotz Unwiederholbarkeit historischen Geschehens aus der Geschichte zu lernen. (10)

ergänzend: 3 und 4

Subjektive Betroffenheit, Interesse „Was mich/uns betrifft und interessiert"	Hypothesen über Zusammenhänge und Strukturen „Was wichtig bleibt"	Historisches und politisches Geschehen, Ereignisse, Personen „Was überliefert ist, was sich ereignet"
„Mein gutes Recht" Dahergesagtes – „Von unseren Steuern!", „Teile und herrsche!", „Mit dem sollte man kurzen Prozeß machen!", „Die hohen Herren in Bonn", „Da hab' ich ein Wörtchen mitzureden!" Meinungen – „Auch der Bundeskanzler muß sich an die Gesetze halten." – „In der DDR gibt es kein Privateigentum und wenig Freiheit." – „Es gibt Dinge, die müssen geheim bleiben." – „Die Kleinen hängt man ..." Verfassungsartikel – „Die Würde des Menschen ist unantastbar." (GG, 1) – „Jeder hat das Recht auf freie Entfaltung seiner Persönlichkeit, ..." (GG, 3) – „Niemand darf gegen sein Gewissen zum Kriegsdienst mit der Waffe gezwungen werden!" (GG, 4) – „Eigentum verpflichtet." (GG, 14) – „Politisch Verfolgte genießen Asylrecht." (GG, 16) Fragen – „Warum gibt es kein Recht auf Arbeit?" – „Gibt es in der DDR keine Arbeitslosigkeit?" – „In der DDR soll es mehr Scheidungen geben als bei uns."	– Norm und Wirklichkeit – Kontinuität und Diskontinuität – Menschliche Grundbedürfnisse und gesellschaftliche Ordnung – Das Verhältnis von Individuum und Gesellschaft als Ordnungsproblem – Ambivalenz von Freiheit und Gleichheit – Individuelle Rechte und soziale Pflichten	Das Grundgesetz – Geschichte der Grundrechte (Art. 1–19): Menschenrechtserklärungen (1776, 1791, 1848, 1918); Erfahrungen von Weimar und mit dem Nationalsozialismus, Einfluß der Siegermächte, 23. Mai 1949 Leitende Verfassungsprinzipien und Verfassungswirklichkeit (Art. 20 GG): – Demokratie (Regierungswechsel; Budget-Recht; Öffentlichkeit, ...) – Sozialstaat (Eigentum; Arbeit; soziale Sicherheit; Schule, ...) – Rechtsstaat (Gewaltentrennung; Minderheitenschutz; Menschen vor Gericht; ...) – Föderalismus Die Verfassung der DDR – Geschichte: 1945; „Arbeiter und Bauernstaat" und sozialistische Gesellschaft"; Rolle der Sowjetunion (Marxismus-Leninismus, 1917) Leitende Verfassungsprinzipien und Verfassungswirklichkeit (Art. 1–3; 17): – „Führende Rolle" der Partei (SED: Beteiligung der Werktätigen an Entscheidungsprozessen, Regierungswechsel...) – Sozialistisches Eigentum an Produktionsmitteln (Arbeit; soziale Sicherheit; Umwelt; ...) – Planwirtschaft (Bedürfnisse, gerechte Bedarfslenkung, ...) – Sozialistisches Bildungssystem (Sozialstruktur, Geschlechter und Bildungschancen, ...) Systemkonkurrenz – Gesellschaftliche Sicherheit und persönliche Freiheit – Friedensgebot (Art. 26 GG; 6 DDR-Verf.) und Friedenspolitik (deutsch-deutsche Politik, Ost- und Westpolitik, Waffenexport, ...) Sinn und Funktion von Verfassungen (Gesetzgebung)

TE 15   „Auf dem Weg zu einer Weltinnenpolitik"

Gegenstandsbereich:

Nationalstaatlichkeit und die Entwicklung internationaler Kooperation: Weltwirtschaft, UN und Völkerrecht, Wirtschaftsgemeinschaften, politische Bündnisse und Staaten; Europäische Einigung: Souveränitätsrechte, Entfaltung kultureller Vielfalt, gesellschaftliche Strukturunterschiede zwischen den Nationen.

Kategorien/Strukturbegriffe:

– Raum
– Handeln
– Situation

– Territorialität und Universalität
  historischer Prozesse
– Aktualität/Wandel/Dauer
– Macht/Machtverhältnisse
– Interesse/Ideologie

Schlüsselprobleme:
Mitverantwortung für die
Gestaltung der Beziehungen
zwischen Menschen, Gruppen und
Völkern. (8)

ergänzend: 3 und 1

Politische Qualifikationen:
Fähigkeit und Bereitschaft, sowohl
durch das eigene Verhalten als
auch durch Beteiligung an gesellschaftlichen Initiativen Verantwortung für die Sicherung der Lebensbedingungen in der Zukunft mitzuübernehmen. (11)

ergänzend: 10 und 3

Intention:
Einen Überblick über
internationale Kooperations-
bemühungen gewinnen, am Beispiel der europäischen Einigungsbe-
mühungen Grundprobleme politischer
und ökonomischer Zusammenarbeit
kennenlernen und erkennen, daß die
Überwindung der Nationalstaatlichkeit
nur in einem langfristigen historischen
Prozeß des strukturellen Wandels und
der Bewußtseinsänderung möglich ist
sowie bereit sein, durch Begegnung
mit Menschen anderer Nationen
einen Beitrag zum Abbau von
nationalen Gegensätzen
zu leisten.

Historische Qualifikationen:
Fähigkeit zu erkennen, daß das
Handeln der Menschen durch ihre
Gegenwart und die ihr voraus-
gegangene Vergangenheit
bestimmt wird und dennoch
Zukunft in noch nicht dagewesener
Weise gestalten kann, sowie
Bereitschaft, Zukunftsziele zu
setzen und zu verfolgen. (2)

ergänzend: 6 und 8

Subjektive Betroffenheit, Interesse "Was mich/uns betrifft und interessiert"

"Wir sitzen alle in einem Boot!"

Sprüche
– "Wir Europäer!" – Gemeinsam sind wir stark!", "Ich lass' mir nicht in die Karten schauen!", "Mir ist mein Hemd näher als ..."

Meinungen
– "Wenn die Türkei in die EG kommt, dann ...", "Entwicklungshilfe? – Wir haben auch nichts zu verschenken!", "Wenn die Grenzkontrollen wegfallen, dann ...", "Die EG macht unsere Landwirtschaft kaputt!"
– "...dann gibt es keinen Zoll mehr auf französischen Wein.", "...dann braucht man keinen Pass mehr."

EG-Wirtschaft
– "Butterberg", "Milchsee", "Apfelintervention", "Flächenstillegung"
– "E", "Nichts anzumelden!"

Meldungen
– "NATO-Beobachter bei Manövern des Warschauer Pakts.", "Sicherheitsrat tagt.", "Stahlwerk aus Duisburg nach China.", "Leipziger Messe erfolgreich."

Einsichten
– "Tschernobyl und Saurer Regen kennen keine Grenzen!" "Baden in Nord- und Ostsee bald vorbei, wenn nicht ..."

Hypothesen über Zusammenhänge und Strukturen "Was wichtig bleibt"

– Wachstum der Menschheit und Endlichkeit des Raums
– Tragfähigkeit der Erde und technisch-ökonomische Nutzung
– Existentielle Konkurrenz um Überlebenschancen und Frieden
– Die Ambivalenz von Souveränitätsverzicht
– Staatliche Souveränität und Menschenrechte
– Lernen aus der Geschichte

Historisches und politisches Geschehen, Ereignisse, Personen "Was überliefert ist, was sich ereignet"

Geschichte internationaler Zusammenarbeit
– Von Bismarcks Gleichgewichtspolitik über den Völkerbund zu UN und Europäischer Gemeinschaft (Die Weltkriege und das Streben nach Zusammenarbeit)

Globale Herausforderungen und Probleme
– Herstellung und Sicherung von Frieden
– Ökologie und Gesundheit
– Bekämpfung von Hunger und Armut
– Verwirklichung von Menschenrechten und Demokratie

Problemzonen
– "Ost-West-Gegensatz"
– "Nord-Süd-Konflikt"
– "Naher Osten", Afghanistan, Türkei-Griechenland,
– Nordirland
– Dritte Welt
– Weltraum

Organisierte internationale Zusammenarbeit
– Vereinte Nationen (Sicherheitsrat, Weltbank, UNICEF), KSZE
– Wirtschaftsgemeinschaften (EG, COMECON, Commonwealth)
– Politische und militärische Bündnisse (NATO, Warschauer Pakt)
– Politische Zusammenarbeit in der Dritten Welt (OAU, OAS...)
– Internationaler Gewerkschaftsbund
– Multinationale Konzerne
– Alternative Initiativen (amnesty international, Greenpeace)

Städte- und Schulpartnerschaften, internationale Jugendbegegnung (Deutsch-französisches Jugendwerk), Kriegsgräberpflege

TE 16   „Politischer Wille in der Demokratie"

Gegenstandsbereich:
Leben in der Demokratie (II): Parteien, Verbände, Gewerkschaften und ihre Geschichte; Pluralismus; Parteien im parlamentarischen Regierungssystem; Lobbyismus und politische Willensbildung; Wahlen, Bürgerinitiativen, Gremienarbeit; Medien: Information und Manipulation.

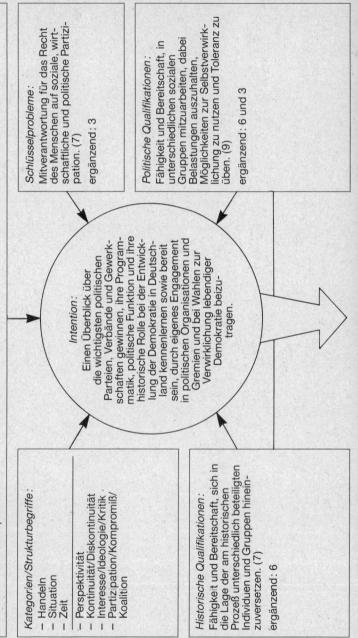

Kategorien/Strukturbegriffe:
– Handeln
– Situation
– Zeit

– Perspektivität
– Kontinuität/Diskontinuität
– Interesse/Ideologie/Kritik
– Partizipation/Kompromiß/Koalition

Schlüsselprobleme:
Mitverantwortung für das Recht des Menschen auf soziale, wirtschaftliche und politische Partizipation. (7)
ergänzend: 3

Politische Qualifikationen:
Fähigkeit und Bereitschaft, in unterschiedlichen sozialen Gruppen mitzuarbeiten, dabei Belastungen auszuhalten, Möglichkeiten zur Selbstverwirklichung zu nutzen und Toleranz zu üben. (9)
ergänzend: 6 und 3

Intention:
Einen Überblick über die wichtigsten politischen Parteien, Verbände und Gewerkschaften gewinnen, ihre Programmatik, politische Funktion und ihre historische Rolle bei der Entwicklung der Demokratie in Deutschland kennenlernen sowie bereit sein, durch eigenes Engagement in politischen Organisationen und Gremien und bei Wahlen zur Verwirklichung lebendiger Demokratie beizutragen.

Historische Qualifikationen:
Fähigkeit und Bereitschaft, sich in die Lage der am historischen Prozeß unterschiedlich beteiligten Individuen und Gruppen hineinzuversetzen. (7)
ergänzend: 6

Subjektive Betroffenheit, Interesse „Was mich/uns betrifft und interessiert"	Hypothesen über Zusammenhänge und Strukturen „Was wichtig bleibt"	Historisches und politisches Geschehen, Ereignisse, Personen „Was überliefert ist, was sich ereignet"

Spalte 1: Subjektive Betroffenheit, Interesse – „Was mich/uns betrifft und interessiert"

„Ohne mich!"

Sprüche
- „Auf den Kanzler kommt es an!"
- „... alles von unseren Steuern!"
- „Jede Stimme zählt." „Liebe Wähler, liebe Wählerinnen..."
- „Kopf-an-Kopf-Rennen"

Meldungen
- „ÖTV kündigt Warnstreik an."
- „Parteitag gegen Frauen in Uniform."
- „Arbeitgeber bieten 2 Prozent."
- „Bundestag: Benzinsteuer wird erhöht."
- „An der Fünf-Prozent-Klausel gescheitert."

Vermutungen
- „Die machen doch, was sie wollen."
- „Selbstbedienung aus der Staatskasse."
- „Vor der Wahl ... nach der Wahl."
- „Wo ist denn da der Unterschied?"

Schon mal erlebt
- „Wer dafür ist, hebt die Hand."
- „Ich vertrete die Klasse 9a."
- „Die Mehrheit entscheidet."
- „Auf welcher Seite stehst du eigentlich?"
- „Das steht nicht auf der Tagesordnung!"

Fragen
- „Julis, Jusos, Grüne oder JU – Wer die Wahl hat..."

Spalte 2: Hypothesen über Zusammenhänge und Strukturen – „Was wichtig bleibt"

- Herrschaft und Partizipation
- Herrschaft und politische Kontrolle
- Herrschaft und Machtwechsel
- Pluralismus und politische Freiheit
- Das Spannungsverhältnis von Sonderinteresse und Gemeinwohl
- Interesse und Ideologie

Spalte 3: Historisches und politisches Geschehen, Ereignisse, Personen – „Was überliefert ist, was sich ereignet"

Pluralismus und Demokratie: Vielfalt der organisierten Interessen und Vielfalt der Einflußmöglichkeiten auf die politische Willensbildung als Sicherung von Demokratie und politische Freiheit des einzelnen

Parteien
- Geschichte der Parteien (Sozialprofil, Programmatik) in Deutschland
  Kaiserreich: Organisation gesellschaftlicher Interessen; SPD, Zentrumspartei, Liberale, Konservative; Sozialistengesetz, politischer Katholizismus (Kulturkampf)
- Weimar: Das Verhältnis der Parteien zur Demokratie; NS-Machtübernahme
- Nach 1945: Demokratie zwischen kapitalistisch-marktwirtschaftlicher und sozialistischer Orientierung; Bundestagsparteien, Parteien in der DDR, ökologische Parteien
- Wahlsystem und politische Funktion der Parteien (Parteitage, Programme); Bundestag (Fraktionen, Gesetzgebung)
- Parteienfinanzierung (Spendenaffäre)
- Politische Jugendorganisationen, Bürgerinitiativen

Verbände und Gewerkschaften
- DGB, Einzelgewerkschaften, Arbeitgeberverbände (Tarifautonomie); Betriebsrat, Jugendvertretung

Massenmedien:
- Politisch-gesellschaftliche Funktion (Pressefreiheit);
- Arbeitsweise und Informationsmethoden (z. B. Zeitungen, TV-Nachrichten)

Gremienarbeit:
- Versammlung, Diskussion, Entscheidung (Antrag, Beschluß)
  Geschäfts- und Tagesordnung; Mandat (Auftrag, Grenzen)
- Schulmitwirkung (SchMG)

TE 17

„Ost-West oder West-Ost"

Gegenstandsbereich:

Ost-West-Gegensatz: Gesellschafts- und Wirtschaftssysteme der USA und der UdSSR und ihre Geschichte; von Alliierten zu Feinden, Blöcke, Wettkampf der Systeme, Hemisphären; die Teilung Deutschlands, Kommunismus und Antikommunismus, Kapitalismus und Antikapitalismus; KSZE.

Schlüsselprobleme:

Mitverantwortung für den Frieden als individuelle und globale Aufgabe. (1)

ergänzend: 4

Politische Qualifikationen:

Fähigkeit und Bereitschaft, Kommunikation und ihre Bedingungen in Gesellschaft, Politik und Wirtschaft zu analysieren, auf Motive, Interessen und Machtgefälle zu prüfen und die Chance zur Teilnahme zu erweitern. (3)

ergänzend: 10

Intention:

Wichtige historische Faktoren des Ost-West-Gegensatzes kennenlernen und erkennen, daß von diesem Gegensatz eine ständige Kriegsgefahr verbunden mit einer ideologischen Polarisierung ausgeht, die die Lösung schwieriger Menschheitsprobleme behindert oder unmöglich macht sowie bereit sein, für Entspannung, Abrüstung und Zusammenarbeit zu optieren und damit verbunden eigene ideologische Vorurteile abzubauen.

Kategorien/Strukturbegriffe:

– Raum
– Zeit
– Handeln

– Aktualität/Wandel/Dauer
– Territorialität und Universalität historischer Prozesse
– Perspektivität
– Macht/Machtverhältnisse
– Interesse/Ideologie/Kritik

Historische Qualifikationen:

Fähigkeit zu erkennen, daß das Handeln der Menschen durch ihre Gegenwart und die ihr vorausgegangene Vergangenheit bestimmt wird und dennoch Zukunft in noch nicht dagewesener Weise gestalten kann sowie Bereitschaft, Zukunftsziele zu setzen und zu verfolgen. (2)

ergänzend: 10

Subjektive Betroffenheit, Interesse „Was mich/uns betrifft und interessiert"

„Geh' doch nach drüben!"

Sprüche
- „Die Russen kommen!" – „Ami go home!"
- „Der Rubel rollt."

Vorurteile
- „Amerikaner sind ..."
- „Russen sind ..."

Meinungen
- „Die Amerikaner schützen uns."
- „Wir gehören zum freien Westen."
- „Kommunisten sind gegen Gott und gegen das Eigentum."
- „... unsere Interessen am Golf."
- „Im Sport sind sie eindeutig besser."
- „Tieflüge sind notwendig."

Medien
- „Waau! Du bist einfach großartig, Daddy!"
- „Dallas", „Denver"
- „Streik auf der Lenin-Werft."

Meldungen
- „Präsident besichtigte Berliner Mauer."
- „Militärhilfe für Mittelamerika.", „Wettrennen um den Weltraum.", „Gipfeltreffen", „Erdgasgeschäft perfekt."

Fragen
- „Weshalb dürfen DDR-Jugendliche nicht in den Westen reisen?"
- „Warum lernen wir eigentlich kein Russisch?"
- „Wozu Wiedervereinigung?"

Hypothesen über Zusammenhänge und Strukturen „Was wichtig bleibt"

- Soziale Ungleichheit als Ursache und Folge historischen Wandels
- Gemeinnutz und Eigennutz als gesellschaftliche Handlungsperspektiven
- Freiheit des einzelnen und Verpflichtung der Gemeinschaft gegenüber
- Das „Recht" des Stärkeren als Gesellschaftsprinzip
- Partizipation und Gemeinschaftsleistung
- Ideologie und Weltherrschaft
- Gegensatz und Annäherung als Problem praktischen Zusammenlebens

Historisches und politisches Geschehen, Ereignisse, Personen „Was überliefert ist, was sich ereignet"

USA: von der Kolonie zum unabhängigen Bundesstaat (Unabhängigkeitskrieg, Verfassung, Bürgerkrieg, industrielle Revolution, Weltpolitik)
- „Land der unbegrenzten Möglichkeiten"
- Revolution; soziale Mobilität, Streuung von Grundeigentum; Menschenrechte, religiöse Toleranz ...
- „Das amerikanische System" (freier Wettbewerb, „Unternehmergeist", „Eigentum", wenig Staat)
- Soziale Ungleichheit als Prinzip des Fortschritts, freier Weltmarkt (Dollarimperialismus)
- Präsidialsystem, Gewaltentrennung

UdSSR: vom 1000jährigen „Rußland" zum zentralistischen Sowjetstaat (Aufstände 1825–1917, Revolution, Bürgerkrieg, industrielle Revolution, Weltpolitik)
- Vielvölkerstaat, Feudalismus, Zarismus, Rückständigkeit, Armut
- Revolution (Lenin), Stalin (Terror, Industrialisierung), Entstalinisierung, Glasnost, Perestroika
- Das sowjetische System (Recht auf Arbeit, Gemeinnutz vor Eigennutz, sozialistisches Eigentum, staatliche Planwirtschaft, ideologische Führung,...)
- Soziale und politische Unfreiheit des einzelnen als revolutionäres Prinzip, Weltrevolution
- KPdSU, Sowjetstaat, Sowjetrepubliken

Ost-West-Gegensatz nach 1945
- Wettkampf der Systeme, Koexistenz, KSZE
- Bündnisse, Dritte Welt (Stellvertreterkriege, Interventionen)
- Deutsch-deutsche Beziehungen: von der militärischen Konfrontation zur wirtschaftlichen Zusammenarbeit
- Anti-Ideologien in Ost und West (Erscheinungsformen, Folgen)

TE 18

„Leichtlohn"

Gegenstandsbereich:

Leben in der Demokratie (III): Gleichberechtigung von Frau und Mann; geschlechtsspezifische Erziehung und Arbeitsteilung; Frauen in Geschichte und Politik, Geschichte der Frauenbewegung, Frauenwahlrecht, Lohnarbeit und Hausarbeit, Frauenbildung.

Kategorien/Strukturbegriffe:

– Zeit
– Geschlecht

– Aktualität/Wandel/Dauer
– Lebensgeschichte/Sozialisation, Alltag
– Macht/Machtverhältnisse

Schlüsselprobleme:

Mitverantwortung für eine selbstbestimmte, verantwortliche Rollen- und Aufgabenverteilung zwischen Frauen und Männern als Individuen und soziale Wesen in Familie, Beruf und Gesellschaft. (9)

ergänzend: 7

Politische Qualifikationen:

Fähigkeit und Bereitschaft, eigene Glücksvorstellungen zu entwickeln, in sozialer Verantwortung wahrzunehmen sowie dies auch anderen zu ermöglichen. (7)

ergänzend: 5 und 2

Intention:

Wahrnehmen, daß das weibliche Geschlecht in wichtigen gesellschaftlichen Bereichen dem männlichen Geschlecht gegenüber benachteiligt wird und in Geschichte und Geschichtswissenschaft bisher nur eine periphere Rolle spielt, erkennen, daß die Überwindung dieser Diskriminierung nur in einem langfristigen historischen Prozeß gezielter gesellschaftlicher Veränderung erreicht werden kann, und bereit sein, selbst bewußt als Junge oder Mädchen diesen Prozeß voranzutreiben.

Historische Qualifikationen:

Fähigkeit, das menschliche Leben als Sozialisationsprozeß zu verstehen, in welchem eine individuelle Lebensgeschichte entsteht, und Bereitschaft, als handelndes Subjekt, die eigene Lebensgeschichte zum Bestandteil der allgemeinen Geschichte und die allgemeine Geschichte zum Bestandteil der eigenen Lebensgeschichte zu machen. (11)

ergänzend: 6 und 1

Subjektive Betroffenheit, Interesse „Was mich/uns betrifft und interessiert"	Hypothesen über Zusammenhänge und Strukturen „Was wichtig bleibt"	Historisches und politisches Geschehen, Ereignisse, Personen „Was überliefert ist, was sich ereignet"

„Mutter ist die Beste!"

Sprüche
- „Das ist Männersache!", „Die Frau gehört ins Haus!", „Küche, Kinder, Kirche.", „Hauptsache, der Mann verdient gut."

Meinungen und Vorurteile
- „Jungen, die mit Puppen spielen, ..."
- „Frauen, die Kopftücher tragen, ...", „Männer, die weinen, ...", „Mädchen, die Fußball spielen, ..."
- „Frauen sind im Beruf weniger leistungsfähig, häufiger krank, haben eine schlechtere Ausbildung, haben für keine Familie zu sorgen. ..."
- „Türkische Frauen dürfen nur das tun, was ihnen ihre Männer erlauben."

Grundgesetz
- „Männer und Frauen sind gleichberechtigt." (Artikel 3)

Fragen
- „Ist Politik unweiblich?"
- „Gilt für Männer und Frauen dieselbe Moral?"
- „Warum wünscht eine Frau, ein Mann zu sein?"
- „Gibt es eine Schwesterlichkeit?"
- „Sind Frauen friedlicher?"
- „Warum verdienen Frauen weniger?"
- „Warum kommen in unserem Geschichtsbuch so wenig Frauen vor?"

- Wandel und Dauer der Wechselwirkung biologischer und sozialer Faktoren im gesellschaftlichen Leben
- Arbeitsteilung und Herrschaft
- Festigkeit historisch gewordener Strukturen und Veränderung
- Die Wechselwirkung von Sozialisation und Reproduktion gesellschaftlicher Verhältnisse
- geschlechtsspezifische Perspektivität gesellschaftlicher Wirklichkeit
- Alltagsroutine und Emanzipation
- Die Balance von Identität und Emanzipation

- Soziale Rollen und Rechte im Verhältnis von Männern und Frauen in der Geschichte
- Beispiele aus Urgesellschaft, Feudalismus, Industriegesellschaft (Familie, Arbeit, Öffentlichkeit); Patriarchalismus, geschlechtsspezifische Erziehung, Mädchenkindheiten, Mädchenbildung, Frauen-„Schicksale"... (Rollenerwartungen, -zuweisungen, Rechte, Pflichten, Konventionen, sozialer Zwang, Sanktionen ...)
- Frauenbewegung
- Frauen im Krieg: 1914, 1914–1918, Kriegerwitwen; Frauen in Uniform; Frauen in der Friedensbewegung (Anteil, Rolle); Bertha v. Suttner, Rosa Luxemburg, Florence Nightingale ...
- „Unsichtbarkeit" der Frauen in der Geschichte (unsere Geschichtsbücher)

Gleichberechtigung der Geschlechter in Norm und Wirklichkeit
- Artikel 3, GG; Frauenrechte in der Welt
- „Frauenberufe" (Friseuse, Sekretärin, ...), „Männerberufe", Frauen in Wirtschaft und Wissenschaft, „Leichtlohn"
- Frauenarbeitslosigkeit (Quantitäten, Tendenzen)
- Politik (Mitgliedschaft, Mandate): Parteien, Parlamente, Regierungen, oberste Verwaltungen (vgl. USA, UdSSR, DDR); Frauenwahlrecht (vgl. andere Länder)

Geschlechter und Gesellschaft
- Erziehung, Werbung, Kunst
- Kultur der Migranten (z. B. Türken)
- Dritte Welt

Lohnarbeit – Hausarbeit
- Doppelbelastung? Kinderfeindlichkeit der Berufswelt; Rollenkonflikte: Mutterschaft versus Karriere: ideologische Rollenzuweisungen, biologistisch, religiös, Sanktionen; Prestige: „unsichtbare" unbezahlte Hausarbeit

TE 19 „Arme Welt, reiche Welt"

Gegenstandsbereich:

Verteilung von Armut und Reichtum in der Welt; Kolonialismus und Imperialismus; Bevölkerungsexplosion, ökonomisch-technische Unterentwicklung, Modernitätsrückstand; Terms of Trade; ökologischer Raubbau und Kriege; Entwicklungshilfe.

Kategorien/Strukturbegriffe:

– Raum
– Handlung
– Geschlecht

– Kontinuität/Diskontinuität
– Territorialität und Universalität historischer Prozesse
– Macht/Machtverhältnisse
– Freiheit/Unfreiheit, Menschenwürde
– Solidarität

Schlüsselprobleme:

Mitverantwortung für den Ausgleich von Benachteiligungen von Menschen, Gesellschaften und Völkern. (3)

ergänzend: 4

Politische Qualifikationen:

Fähigkeit und Bereitschaft, das Lebensrecht und die Eigenständigkeit anderer Gesellschaften anzuerkennen, für eine gerechte Friedensordnung und für die Interessen benachteiligter Völker einzutreten, auch wenn dadurch Belastungen für die eigene Gesellschaft entstehen. (10)

ergänzend: 11

Historische Qualifikationen:

Fähigkeit und Bereitschaft, die Geschichte der eigenen Region, der eigenen sozialen Gruppen und der eigenen Nation in Beziehung zur Geschichte anderer Regionen, sozialer Gruppen und Nationen zu setzen. (8)

ergänzend: 7 und 1

Intention:

Armut und Reichtum in der Welt wahrnehmen und nach den historischen Ursachen fragen, an einer Region die politischen, ökonomischen, sozialen und kulturellen Zusammenhänge, Wechselwirkungen und Abhängigkeiten untersuchen, die die Entwicklung von Ländern der „Dritten" und „Vierten Welt" bestimmen, sowie bereit sein, sich aktiv für einen globalen Ausgleich einzusetzen, auch wenn dies mit spürbaren Belastungen der eigenen Lebensbedingungen verbunden ist.

Subjektive Betroffenheit, Interesse "Was mich/uns betrifft und interessiert"	Hypothesen über Zusammenhänge und Strukturen "Was wichtig bleibt"	Historisches und politisches Geschehen, Ereignisse, Personen "Was überliefert ist, was sich ereignet"

Spalte 1

"Hunger, Armut..."

Stichwort "Dritte Welt"
- "...Krankheiten, zu viele Kinder, zu wenig Schulen, knappes Wasser, Schulden"

Dritte Welt bei uns
- "Chicita" und "Milde Sorte"
- "Traumschiff" im Ersten und "Regentanz in der Serengeti" im Zweiten
- "Der DWS (Dritte-Welt-Shop) um die Ecke hat ganz schön billige Sachen."
- Tagesschau: "Militärputsch in ..."

... und umgekehrt:
- Sondermüll nach ...
- Waffen nach ...
- Milchpulver nach ...

Meinungen
- "Wir haben uns unseren Wohlstand hart erarbeitet."
- "Nichts zu essen, aber Krieg führen."
- "Die Inder sollen doch ihre Kühe schlachten"
- "Tropfen auf den heißen Stein"

Fragen
- "Wieso eigentlich ,Dritte' Welt?"
- "Warum sollen wir denen etwas schenken?"
- "Wieso gibt es dort so viele Naturkatastrophen?"
- "Entwicklungsdienst – Abenteuer oder harter Job?"

Spalte 2

- Soziale Ungleichheit
- Gunst und Ungunst der Natur
- Die historische Schere zwischen Armut und Reichtum
- Der Stärkere bestimmt das Gesetz des Handelns
- Freiheit ohne Gleichheit
- Militär statt Legitimität
- Bevölkerungswachstum und ökologische Tragfähigkeit
- Die Diskrepanz von Sonderinteresse und Menschheitsinteresse

Spalte 3

"Dritte Welt" zwischen Kapitalismus und Sozialismus, Verteilung von Armut und Reichtum in der Welt

Begriffe: "Vierte Welt", Öl-Länder, Schwellenländer

Merkmale: z. B. niedriges Pro-Kopf-Einkommen, geringe industrielle Produktion etc.... Rohstoffexport/Fertigwarenimport, hoher Schuldendienst etc.... Arbeitslosigkeit, Kinderarbeit, Analphabeten etc.....

Mögliche Ursachen für Armut und Unterentwicklung
- Klima, Bevölkerungsexplosion
- Schwacher Staat, korrupte Staatseliten und hohe Militäretats; Terms of Trade; Multinationale Konzerne (z. B. Öl, Bananen, Kaffee, Weizen, Zucker...), Banken (Weltbank); Ost-West-Konflikt (Einflußsphären, Stellvertreterkriege)
- Kolonialgeschichte: Zerstörung von Wirtschafts- und Sozialstrukturen (z. B. Handwerk, Mittelstand), Kultur, Sprache und Bildung (europäische Amtssprachen), Zerstörung von politischer Infrastruktur: willkürliche Grenzziehungen
- Mystische Erklärungen ("Teufelskreis der Armut"), rassistische Erklärungen

Soziale und politische Folgen: z. B. Militärdiktaturen, Folter, Drogenexport, Kinderkriminalität, Guerilla-Kriege ...
Ökologische Folgen: Naturkatastrophen, Verstädterungen, Monokulturen, Wüstungen

Lösungsversuche
- Entwicklungshilfe: Hungerhilfe, Adveniat, Misereor, "Brot für die Welt": Hilfe zur Selbsthilfe (Entwicklungsdienst)
- Selbsthilfe: Protektion eigener Fertigwaren, Rohstoffkartelle; Sozialreformen, Bodenreformen, kleine Produktionseinheiten; ökonomische und politische Zusammenschlüsse (z. B. OAU); Revolutionen, Befreiungstheologie

TE 20

„.... Menschen sind gekommen"

Gegenstandsbereich:
Arbeitsmigration, migrationsrelevante historische Bedingungen der Migrationsländer; globale und internationale soziale Ungleichheit, Integration, Assimilation, Identität, Ausländerrecht, Kulturkonflikt, Fremdenfeindlichkeit, Tourismus in Migrantenländer; Asylsuchende, Spätaussiedler, Völkerwanderung.

Kategorien/Strukturbegriffe:
– Raum
– Situation
– Erleben und Erleiden
– Perspektivität
– Lebensgeschichte/Sozialisation und Alltag
– menschliche Grundbedürfnisse
– Solidarität und Toleranz

Schlüsselprobleme:
Mitverantwortung für das Streben von Individuen und Völker nach kultureller Identität. (5)

ergänzend: 3

Politische Qualifikationen:
Fähigkeit und Bereitschaft, eigene Glücksvorstellungen zu entwickeln, in sozialer Verantwortung wahrzunehmen sowie dies auch anderen zu ermöglichen (7)

ergänzend: 10 und 5

Intention:
Ursachen der Migration in die Industrieländer Mittel- und Westeuropas historisch untersuchen und erkennen, daß territoriale Besitzstände heute keine Absolutheitsgeltung mehr haben können, wenn alle Menschen auf der Welt einen Anspruch auf ein menschenwürdiges Leben haben, sowie bereit sein, für eine Integration der Migranten als Mitbürger in einer multikulturellen Gesellschaft zu optieren und sich durch persönlich geübte Toleranz und Solidarität für eine Überwindung des Fremdseins zu engagieren.

Historische Qualifikationen:
Fähigkeit zu erkennen, daß das Handeln der Menschen durch ihre Gegenwart und die ihr vorausgegangene Vergangenheit bestimmt wird und dennoch Zukunft in noch nicht dagewesener Weise gestalten kann, sowie Bereitschaft, Zukunftsziele zu setzen und zu verfolgen. (2)

ergänzend: 7 und 8

Subjektive Betroffenheit, Interesse „Was mich/uns betrifft und interessiert"	⟺	Hypothesen über Zusammenhänge und Strukturen „Was wichtig bleibt"	⟺	Historisches und politisches Geschehen, Ereignisse, Personen „Was überliefert ist, was sich ereignet"

Sprüche und Vorurteile
- „Türken sind . . ."
- „Italiener sind . . ."
- „Griechen sind . . ."
- „Sinti und Roma sind . . ."

. . . andererseits
- „Satziki schmeckt toll!" „Die Türken sind ja so gastfreundlich." „Mit unserer D-Mark kannst du da billig Urlaub machen." „Die Türken, die ich kenne . . ."

Konflikte
- „Die nehmen uns die Arbeitsplätze weg."
- „Ich fühl' mich auch den Deutschen gegenüber verantwortlich."
- „Ausländer raus!" „In der Türkei bin ich ein Deutschländer."
- „Das erlaubt mein Vater nicht."
- „Laß Mehmet doch mitspielen!"
- „Ben mi?" „Anpassen oder abhauen."
- „Deutsche werden?"

Fragen
- „Warum bleiben die nicht zu Hause?" „SV nur für deutsche Schüler?" „Heimat – was ist das?" „Was haben wir mit den Problemen dieser Länder zu tun?" „Kann es mir nicht egal sein, wie die anderen mich sehen?"

Hypothesen über Zusammenhänge und Strukturen „Was wichtig bleibt"

- Soziale und ökonomische Ungleichheit
- Eigentum an Grund und Boden und Bevölkerungswachstum
- Sozialdarwinismus
- Seßhaftigkeit und Migration als Lebenssicherung
- Das Glück suchen in der Fremde
- Integration und Segregation als Problem kultureller und sozialer Identitätsfindung
- Wir-Gefühl und Ausgrenzung
- Toleranz und Solidarität: Dissonanz von Theorie und Praxis

Historisches und politisches Geschehen, Ereignisse, Personen „Was überliefert ist, was sich ereignet"

Fremde in Deutschland
- „Diß ellend Volck" – die Zigeuner; Hugenotten; Polen (Wanderarbeiter der Jahrhundertwende); „Fremdarbeiter" im NS-Deutschland; „Gastarbeiter"; Asylland Bundesrepublik

Wanderungen, Völkerwanderungen in der Weltgeschichte
- Gründe: z. B. materielle Not, Flucht vor Krieg und Unterdrückung, politische oder ethnische Verfolgung, Verschleppung, . . .
- Beispiele: Auszug der Juden aus Ägypten, Völkerwanderungen von Innerasien her (z. B. Mongolen, Türken) und in Europa, Besiedelung Amerikas (Indianer, Europäer, Afrikaner), Arbeitsmigration nach West- und Mitteleuropa, Fluchtbewegungen nach dem Zweiten Weltkrieg und in der Dritten Welt bis heute (Weltflüchtlingskommissariat), Asylsuche heute

Soziale und wirtschaftliche Lage in den Herkunftsgesellschaften der Gastarbeiterfamilien an Beispielen (Türkei, Sizilien)

Zusammenleben von Deutschen und Nicht-Deutschen in der Bundesrepublik Deutschland
- Integration: Wohnen (Ghettos), Arbeiten (Interessenvertretung, Arbeitslosigkeit), Schule (Erziehungsziele)
- Vorurteile und Fremdenfeindlichkeit
- Rechte (Ausländerrecht, Aufenthaltsrecht, Asylrecht, . . .)
- Ausländerpolitik (Anwerbestopp, Rückkehrprämien), politische Betätigung (Ausländerwahlrecht);
- Assimilation, Germanisierung, Identität
- Deutschland von außen gesehen

Tourismus: Saisonale Wanderung nach Süden; Benehmen im Gastland; Tourismusarchitektur am Mittelmeer; Tourismus und Völkerfreundschaft

TE 21

„Der letzte Baum"

Gegenstandsbereich:

Umweltzerstörung und globale Ökologie: wachsende Vermüllung der Erde, wachsendes Gefahrenpotential durch geballte Energien, Verknappung lebenswichtiger Ressourcen, ökonomisches Wachstum und ökologische Zerstörung; Krieg und die Not der armen Länder; Ökologiebewegung; Verhältnis Mensch–Natur.

Kategorien/Strukturbegriffe:

– Raum
– Situation
– Handeln

– Territorialität und Universalität historischer Prozesse
– Diskrepanz zwischen menschlicher Intention und historischem Ergebnis
– Konflikt/Opposition/Widerstand
– menschliche Grundbedürfnisse

Historische Qualifikationen:

Fähigkeit zu erkennen, daß das Handeln der Menschen durch ihre Gegenwart und die ihr vorausgegangene Vergangenheit bestimmt wird und dennoch Zukunft in noch nicht dagewesener Weise gestalten kann, sowie Bereitschaft, Zukunftsziele zu setzen und zu verfolgen. (2)

ergänzend: 1 und 5

Intention:

Ursachen und Bedingungen der existentiellen ökologischen Bedrohung kennenlernen, sich im historischen Rückblick mit dem Verhältnis der Menschen zur Natur auseinandersetzen sowie erkennen, welche Herausforderungen sich Gesellschaften, Regierungen und einzelnen Menschen stellen, und bereit sein, auch im persönlichen Handlungsbereich dem ökologischen Denken Vorrang einzuräumen vor dem ökonomischen und technischen Denken sowie dem Konsum.

Schlüsselprobleme:

Mitverantwortung für die Erhaltung der natürlichen Lebensgrundlagen. (2)

ergänzend: 10

Politische Qualifikationen:

Fähigkeit und Bereitschaft, sowohl durch das eigene Verhalten als auch durch Beteiligung an gesellschaftlichen Initiativen Verantwortung für die Sicherung der Lebensbedingungen in der Zukunft mitzuübernehmen. (11)

ergänzend: 4

Subjektive Betroffenheit, Interesse „Was mich/uns betrifft und interessiert"	Hypothesen über Zusammenhänge und Strukturen „Was wichtig bleibt"	Historisches und politisches Geschehen, Ereignisse, Personen „Was überliefert ist, was sich ereignet"

„Cadmium im Garten"

Epochales
- „Allergie-Zeitalter, Wegwerfgesellschaft, Plastikkultur, Atomzeitalter"

Fremdwörter, Versteckwörter
- „Entsorgung", „Verklappung", „Wiederaufbereitung", „Altlasten"
- „Pestizide", „Hormone"
- „Bequerel", „GAU"

Konflikte
- „Greenpeace", „Robin Wood"
- „Gorleben", „Wackersdorf"
- „Spraydosen sind doch so praktisch!"

Lösungsversuche
- „Sondermüll – bitte ganz weit weg"
- „Papier- und Glascontainer, Altbatteriensammelaktion"
- „Eier von glücklichen Hühnern"

Fragen
- „Was geht mich der Wald am Amazonas an?"
- „Was kann und darf man denn überhaupt noch genießen?"
- „Zurück zur Natur, das geht doch nicht."
- „Kann man es noch verantworten, Kinder in die Welt zu setzen?"

- Tendenz wachsender Vermüllung der knapp werdenden Lebensräume der Menschen
- Tendenz wachsender Vergiftungsgefahr durch Freisetzung, Isolierung, Konzentration und Anhäufung von gefährlichen Stoffen
- Tendenz wachsender Gefahrenpotentiale durch zunehmende Freisetzung von geballten Energien
- Tendenz wachsender Katastrophenanfälligkeit durch Vernichtung der ursprünglichen natürlichen Artenvielfalt sowie durch regulierende Eingriffe in die Oberflächenstruktur der Erde
- Verlust der Sensibilität der Menschen für die Lebensrhythmen der Natur
- Ökologie versus Ökonomie

Wie die Menschen, seit es sie gibt, mit der Natur umgehen
- Naturvölker, Naturreligionen
- Bibel: zwei Schöpfungsberichte
- Von den antiken Hochkulturen bis ins Mittelalter (z. B. Ägypter, Hethiter, Römer und die mittelalterlichen Gesellschaften)
- Industrialisierung und Inwertsetzung von Naturräumen
- Totale ökonomische Erschließung der Erde und Ausbeutung der Rohstoffe
- Von der natürlichen zur manipulierten Artenvielfalt (Züchtungen, „Unkraut", Gentechnologie); Kernenergie; Chemie
- Umgang mit der menschlichen Natur heute: z. B. Medikamentenmißbrauch, Doping, genetische Eingriffe; Suchtmittel, Unterdrückung und Zerstörung natürlicher Lebensrhythmen (z. B. zyklisches Zeitbewußtsein)

Umweltzerstörungen und -katastrophen:
- „Ozonloch", „Tschernobyl", „Seveso", „Abholzung des Amazonas-Urwaldes", „Überschwemmungskatastrophen am Rhein und in Bangladesch"... (politische, ökonomische und gesellschaftliche Usachen)

Umweltzerstörung und ökonomische Probleme der Dritten Welt

Tragfähigkeit der Erde
- Energie, Rohstoffe, Müll, Bevölkerung (Zeitleisten, evtl. Epochen)

Alternativen
- Ökologie als Prinzip der Politik, Ökonomie, Kultur und Technik: z. B. Verursacherprinzip, Sparsamkeit, alternative Energien, Entwicklung eines allgemeinen ökologischen Naturverständnisses, umweltbewußte Lebensführung

TE 22

„Overkill"

Gegenstandsbereich:

Atomarer Rüstungswettlauf, Overkill; Waffenexport, Stellvertreterkriege, Militärhaushalte; Kriegs- und Zivildienst, Befehl, Gehorsam, Gewissen; Krieg als historisches Instrument der Politik; Friedensbewegung.

Kategorien/Strukturbegriffe:

– Zeit
– Handeln
– Situation

– Aktualität/Dauer/Wandel/ Epochalität
– Diskrepanz zwischen menschlicher Intention und historischem Ergebnis
– menschliche Grundbedürfnisse
– Interesse/Ideologie/Kritik

Historische Qualifikationen:

Fähigkeit zu erkennen, daß das Handeln der Menschen durch ihre Gegenwart und die ihr vorausgegangene Vergangenheit bestimmt wird und dennoch Zukunft in noch nicht dagewesener Weise gestalten kann, sowie Bereitschaft, Zukunftsziele zu setzen und zu verfolgen. (2)

ergänzend: 1

Intention:

Das auf der Welt vorhandene Vernichtungs- und Tötungspotential wahrnehmen und erkennen, daß die Menschheit heute in der Lage ist, sich kurzfristig selbst zu vernichten, daß dies eine historisch neue Qualität menschlichen und gesellschaftlichen Lebens ist, durch die jede Art von Krieg zwischen Staaten oder Blöcken konkret zum Verbrechen an der Menschheit wird, sowie bereit sein, kompromißlos für friedliche politische Konfliktlösungen und Abrüstung zu optieren und dies auch bei der persönlichen Entscheidung über Wehr- oder Zivildienst zu bedenken.

Schlüsselprobleme:

Mitverantwortung für Frieden als individuelle und globale Aufgabe. (1)

ergänzend: 8 und 10

Politische Qualifikationen:

Fähigkeit und Bereitschaft, in politischen Alternativen zu denken, Partei zu ergreifen und gegebenenfalls auch angesichts von Widerständen und persönlichen Nachteilen zu versuchen, Entscheidungen nach demokratischen Regeln zu verwirklichen. (4)

ergänzend: 10

Subjektive Betroffenheit, Interesse „Was mich/uns betrifft und interessiert"	Hypothesen über Zusammenhänge und Strukturen „Was wichtig bleibt"	Historisches und politisches Geschehen, Ereignisse, Personen „Was überliefert ist, was sich ereignet"

„Mit der Bombe leben"

Sprüche
– „Kriege wird es immer geben."
– „Es ist ehrenvoll und süß, fürs Vaterland zu sterben."
– „Wenn hinten weit in der Türkei die Völker aufeinanderschlagen..."
– „Nie wieder Krieg!"
– „Willst du den Frieden, rüste für den Krieg!"

Begriffe
– „Overkill", „Erstschlag und Zweitschlag", „Atomschirm", „Krieg der Sterne", „Bombenteppich"

Übungen
– „Ich muß zum Bund". „Dienst mit der Waffe",
– „Mein Bruder ist Zivi."
– „Pflichtjahr für Mädchen?"
– „Von 10.00 Uhr bis 10.15 Uhr ist Probealarm"

Gedenken und Gedanken
– „1. September, 8. Mai – Sagt mir nichts!"
– Kriegerdenkmäler, Friedenssymbole,
– Kriegsspielzeug

Fragen
– „Atombunker – Was nützt es, zu überleben?"
– „Und wer denkt an die Arbeitsplätze der U-Boot-Bauer?"

– Apokalyptisches Endzeit-Bewußtsein
– Das Vorrecht des Stärkeren
– Faszination der Waffen(-technik)
– Krieg und Kriegsdrohung als Mittel der Politik
– Kriegsfähigkeit als Souveränitätsmerkmal
– Krieg und Verantwortung
– Frieden durch Unterwerfung
– Politik und Gewissen

Kriege in der Geschichte (Arten, Motive, Gründe...)
– Eroberungskriege: z. B. Perserkriege, Römer, Mongolen, Türken, Kolonialkriege, Napoleon, Zweiter Weltkrieg (Deutschland, Polen und Sowjetunion)...
– Krieg als Mittel der Politik: z. B. Dreißigjähriger Krieg, preußisch-deutsche Kriegsgeschichte von Friedrich II. bis zu den Weltkriegen, die Kriege Ludwigs XIV.
– Freiheits- und Befreiungskriege: z. B. Entkolonialisierung
– Bürgerkriege: z. B. Nordirland, Libanon
– „Heilige" und „gerechte" Kriege (Christentum, Islam)

Atomarer Krieg
– Geschichte der atomaren Rüstung und Bedrohung von der Kernspaltung zu SDI (Rüstungsspirale)
– Qualitative und quantitative Entwicklung (Kernwaffen, Trägerwaffen, elektronische Kriegsführung), Weltkrieg aus Versehen
– Vernichtungsszenarien (Dresden, Hamburg, Hiroschima...)

Politik und militärische Gewalt
– Stellvertreterkriege
– Krieg und Ökonomie: ökonomische Interessen und militärische Intervention, Waffenproduktion und -handel und Volkswirtschaft (z. B. „Arbeitsplatz Panzerfabrik")

Friedenssicherung
– Abrüstung, Rüstungskontrolle, atomwaffenfreie Zone, Nichtweiterverbreitungsvertrag, Konferenzen auf „neutralem" Boden: Genf, Wien, Helsinki
– Friedensbewegung: Initiativen (Sportler, Ärzte, Juristen, Wissenschaftler, Pädagogen...), Ostermärsche, Großdemonstrationen, Sitzblockaden
– Friedensnobelpreis

Bundeswehr
– Geschichte der Wiederbewaffnung in beiden deutschen Staaten
– Grundgesetz und militärische Gewalt, Atomwaffen
– Wehrdienst und Zivildienst, Gesetze, Verweigerung (Gewissen, politische Gründe)
– Frauen in Uniform?
– „Arbeitsplatz Bundeswehr"

TE 23

„Etwas Besseres werden"

Gegenstandsbereich:
Leben in der Demokratie (IV): Berufe und Berufsgruppen – ihre Geschichte und ihr Sozialprestige; Arbeiter und Angestellte, Standes- und Klassenbewußtsein; geschlechtsspezifische Berufswahl; Gewerkschaften und Berufsverbände – Betriebsverfassung und Mitbestimmung; Qualifikation; Arbeitslosigkeit.

Kategorien/Strukturbegriffe:
– Schicht
– Geschlecht
– Kontinuität und Diskontinuität, Prozeß
– Perspektivität
– Lebensgeschichte/Sozialisation und Alltag
– Interesse/Ideologie/Kritik
– Partizipation/Kompromiß/Koalition

Historische Qualifikationen:
Fähigkeit und Bereitschaft, Lebensbedingungen und Handlungsmöglichkeiten daraufhin zu befragen, ob und inwieweit sie vom Geschlecht, von der Zugehörigkeit zu sozialen Gruppen oder anderen Faktoren abhängen. (6)

ergänzend: 11

Schlüsselprobleme:
Mitverantwortung für den Erhalt und das Streben nach Humanität in einer sich wandelnden Berufs- und Arbeitswelt. (6)

ergänzend: 9

Intention:
Erkennen, daß der Eintritt ins Berufs- und Arbeitsleben zugleich ein Eintritt in historisch gewordene und sich wandelnde Kollektive mit berufs- und gruppenspezifischen Bewußtseinsinhalten und -strukturen darstellen und fähig werden, die Berufswahl auch in Kenntnis dieser Traditionen und mit dem Ziel zu treffen, zu demokratischem Verhalten in der eigenen beruflichen Arbeit bereit zu sein.

Politische Qualifikationen:
Fähigkeit zu erkennen, inwieweit Arbeit zur Existenzsicherung von Individuum und Gesellschaft notwendig ist und Grundlage für Selbstverwirklichung und politische Beteiligung sein kann, sowie Bereitschaft, sich für die Gestaltung menschenwürdiger Bedingungen von Arbeit einzusetzen. (12)

ergänzend: 6

Subjektive Betroffenheit, Interesse „Was mich/uns betrifft und interessiert"	Hypothesen über Zusammenhänge und Strukturen „Was wichtig bleibt"	Historisches und politisches Geschehen, Ereignisse, Personen „Was überliefert ist, was sich ereignet"
„Jobben, malochen – Hauptsache: die Kohlen stimmen!" **Sprüche und Meinungen** – „Lehrjahre sind keine Herrenjahre." – „Radfahrer", „Rückgrat", „Zivilcourage", „Solidarität", „weißer Kittel" oder „blauer Kittel"? „Wir sitzen doch alle im selben Boot!" „Gewerkschaft – das ist etwas für Arbeiter." – „Wer das Sagen hat, trägt auch die Verantwortung!" **Meldungen** – „Fluglotsen streiken." „Roboter auf dem Vormarsch." – „Computer macht Büroangestellte arbeitslos." **Wünsche** – „Unser Sohn soll einmal etwas Besseres werden." „Im Urlaub arbeiten sie alle in der Chefetage." „Meine Mutter hat eine Vertrauensstellung im Betrieb." „Schreibtisch – Nein Danke!" **Voraussetzungen** – HA, FOR, FORQ: Betriebspraktikum – „Früh krümmt sich, was ein Häkchen werden will." „Mein Vater hat gute Beziehungen." **Fragen** – „Weshalb bekommen Beamte ihr Gehalt im voraus und Arbeiter ihren Lohn nach getaner Arbeit?" – „Weshalb gibt es Arbeiterlieder, aber keine Angestelltenlieder?"	– Gesellschaftlicher Wandel und Wandel des gesellschaftlichen Bewußtseins durch technischen und ökonomischen Fortschritt – Zusammenhang von Arbeitsteilung und Herrschaft – Zusammenhang von gesellschaftlichem Standort und politischem Alltagsbewußtsein – Zusammenhang von individuellem und Gruppenbewußtsein – Zusammenhang von ökonomischer Macht und Betroffenheit, Interesse und Partizipation – Interesse und Solidarität	Berufsgruppen (begriffliche, phänomenologische, funktionale, rechtliche Unterscheidung): Industriearbeiter, Handwerker, Angestellte, Beamten, Selbständige, Landwirte ... (Statussymbole, z. B. Lohn/Gehalt ...) Entstehung und Wandel der industriellen Produktion in Deutschland – Erste und Zweite Industrielle Revolution; Automation, Neue Technologien – Auswirkungen auf die Berufsstruktur, Qualifikationen, geschlechtsspezifische Berufswahlen Entstehung und Wandel von gesellschaftlichem Status und Standort unterschiedlicher Berufsgruppen am Beispiel von Arbeitern und Angestellten – Kaiserreich: Arbeiterbewegung: SPD, Gewerkschaften, Arbeiterkämpfe Unternehmerschaft: Förderung eines „neuen Mittelstandes", privilegierte Arbeitnehmer („Privatbeamte", Handlungsgehilfen) als sozialer Puffer („Die ,Feldwebel' der Fabrik"); Mittelschulen, Realschulen, Technische Hochschulen – Weimar: Spaltung der Arbeiterschaft; Demokratie und NS (Proletarisierungsangst), Angestellte – Nach 1945: Betriebsverfassungsgesetze (1952 und 1971), Mitbestimmung (1956 und 1976); Organisationsgrad von Arbeitern und Angestellten (Angestellte organisieren sich gewerkschaftlich); Ungleichbehandlung von Arbeitern und Angestellten Arbeitslosigkeit und Berufsgruppen; saisonale, konjunkturelle, strukturelle Arbeitslosigkeit

Anhang

Hauswirtschaft und Wirtschaft in den Jahrgangsstufen 5 und 6

In den Jahrgangsstufen 5 und 6 sind neben den Fächern Geschichte–Politik und Erdkunde auch die Fächer Hauswirtschaft und Wirtschaft Fächer des Lernbereichs Gesellschaftslehre.

Die Bearbeitung der Inhalte und Ziele von Hauswirtschaft und Wirtschaft soll in möglichst enger Koordination mit den Themen der Fächer Geschichte–Politik und Erdkunde erfolgen. Eine fachliche Abstimmung der schulinternen Curricula ist erforderlich.

Um den Charakter dieser Inhalte und Ziele als Vorbereitung auf den Unterricht im Lernbereich Arbeitslehre deutlich werden zu lassen, sind sie in der curricularen Systematik der Lehrpläne für diesen Lernbereich formuliert. Die detaillierte Entfaltung soll eine rasche und fachgerechte Koordination mit Geschichte–Politik und Erdkunde ermöglichen. Zur Didaktik von Hauswirtschaft und Wirtschaft im Rahmen des Lernbereichs Arbeitslehre wird auf die entsprechenden Lehrpläne dieses Lernbereichs verwiesen.

1. Hauswirtschaft

1.1 Ausführungen zur Arbeit in den Jahrgangsstufen 5 und 6

Die Schülerinnen und Schüler lernen im Rahmen des Lernbereichs Gesellschaftslehre den spezifischen Zugang des Faches Hauswirtschaft zur sozio-ökonomischen Einbindung des Individuums in die bedeutsame gesellschaftliche Institution privater Haushalte.

Am Beispiel des Zusammenlebens, (Haus-)Wirtschaftens und Wohnens – früher und heute, werden in der Gegenüberstellung vergangener und gegenwärtiger Lebensformen wichtige Zusammenhänge und Erscheinungen erarbeitet, erklärbar und erfahrbar gemacht. Die Schülerinnen und Schüler erkennen Fortwirken von Tradition aus patriarchalischer, streng hierarchischer Ordnung der Vergangenheit, z. B. in geschlechtsspezifischer Sozialisation, Arbeitsteilung im Haushalt.

Sie lernen zugleich den größeren sozialen und ökonomischen Entscheidungsspielraum von Mitgliedern einer modernen Industriegesellschaft kennen und nutzen, und sie erfahren, daß damit Probleme wie z. B. Verhaltensunsicherheit, Konsumzwang, Isolation einhergehen können.

1.2 Schwerpunkte

Der Unterricht soll drei Schwerpunkte bearbeiten:

Bereich:	Haushalt und Wirtschaften
Problemfeld:	(Haus-)Wirtschaften – früher und heute
Bereich:	Haushalt und Wohnen
Problemfeld:	Wohnen – früher und heute
Bereich:	Haushalt und Zusammenleben
Problemfeld:	Zusammenleben im Haushalt – früher und heute

1.3 Übersichten über Inhalte und Ziele

1.3.1 Schwerpunkt I

Bereich: Haushalt und Wirtschaften
Problemfeld: (Haus-)Wirtschaften – früher und heute

Inhalte	Ziele

– Haushaltsfunktionen, wie
  • Leitung und Organisation
  • Einkommensbeschaffung und -verwendung
    + Geldeinkommen
    + Gütereinkommen
  • Ernährung
    + Nahrungsmittelproduktion
    + Nahrungszubereitung
    + Vorratswirtschaft und Vorratshaltung
  • Wohnen
    + Raum (Räume)
    + Möblierung/Ausstattung
    + Heizung und Beleuchtung
    + Pflege
  • Kleidung
    + Rohstoffproduktion
    + Anfertigen
    + Reinigung und Pflege
  • Hygiene
  • Erholung
  • Bildung und Unterhaltung
  • Krankenpflege
  • Sozialisation
 	
– Haushaltsaufgaben des „Hausvaters", z. B.
  • Lenkung und Verwaltung (Arbeitsplanung, Verträge, Buchführung)
  • Einstellen und Anleiten der Knechte
  • Erstellen und Ausbessern von Gebäuden, Zäunen etc.
  • Aufbereiten landwirtschaftlicher Produkte (Dreschen, Flachsbrechen)
  • Einkauf von nichtselbsterzeugten Produkten
	Die Schülerinnen und Schüler
	
	– beschreiben die Wirtschafts- und Lebensweise im bäuerlichen „ganzen Haus" des Mittelalters mit Hilfe von Erkundung, Bildvorlage oder Beschreibung
	– erkennen die Gründe für den hohen Grad an Selbstversorgung und die geringe Marktabhängigkeit
	– erarbeiten die Funktions-, Arbeits- und Rollenteilung zwischen „Hausvater" und „Hausmutter", Söhnen und Töchtern, unverheirateten Verwandten und Gesinde (Mägde und Knechte) bei der Bewirtschaftung eines Hofes und des dazugehörigen Haushalts
	– beschreiben die Wirtschafts- und Lebensweise in einem heutigen städtischen Mehrpersonen-(Familien-)Haushalt mit einem bzw. mehreren Verdiener(n)
	– finden die Unterschiede in der Versorgungslage des Haushalts gegenüber dem historischen Beispiel heraus
	– stellen den Funktionswandel im Haushalt fest
	– erarbeiten die Funktions-, Arbeits- und Rollenteilung zwischen Mann, Frau und Kindern im modernen Haushalt
	– vergleichen den aktuellen Stand mit dem historischen Beispiel.

- Verkauf (z. B. Obst, Gemüse,
  Fleisch, Wolle)
- Pflege des Obstgartens
  (z. B. Bäume pflanzen,
  beschneiden)
- Bier brauen, Wein bereiten,
  Öl gewinnen (z. B. aus
  Rüben und Rapssamen)
- Erziehung der Kinder

– Haushaltsaufgaben der
  „Hausmutter", z. B.
  - Einstellen und Anleiten der
    Mägde
  - Gartenwirtschaft
  - Geflügelhaltung
  - Herstellen der Lebensmittel
    (Butter, Käse, Brot etc.;
    Nahrungszubereitung)
  - Vorratswirtschaft und
    -haltung
  - Herstellen und Pflegen von
    Textilien (z. B. Spinnen,
    Weben, Stricken, Nähen,
    Waschen, Bleichen)
  - Heizung und Beleuchtung
    (Brennholz besorgen, Lichter
    ziehen)
  - Herstellen von Geräten
    (Säcke, Seile, Besen)
  - Herstellen von Seife
  - Reinigen von Räumen und
    Geräten
  - Erziehung der Kinder

Hinweise zum Unterricht

– Der Begriff „ganzes Haus" bedeutet die (fast) geschlossene Hauswirtschaft, das
  ineinander Verzahntsein von Betrieb und Haushalt, von Wirtschafts- und Lebens-
  gemeinschaft, mit weitgehender Selbstversorgung und wenig Marktverflechtung
  und Marktabhängigkeit.
– Es wird empfohlen, zur Einführung in die historische Situation die angegebene
  Literatur* oder andere Quellen über Leben und Wirtschaften vom Mittelalter bis
  heute heranzuziehen.

---

* Vgl. Lehrplan Arbeitslehre/Hauswirtschaft

- Erkundungen in Freilichtmuseen (z. B. Detmold, Kommern) oder Heimatmuseen, bzw. in den Unterricht eingebrachte bildliche Darstellungen alter Meister zeigen anschaulich die Lebensweise von Bauernhaushalten der Vergangenheit.
- Am Beispiel eines zentralen Haushaltsgerätes: Herd – von der offenen Feuerstelle zum modernen Elektroherd und zur Zentralheizung – kann die früher allen bewußte, existenzsichernde Energiebeschaffung und -nutzung dem heutigen, oft unbekümmerten Umgang mit Energie gegenübergestellt und problematisiert werden (z. B. Vergleich mit Situation in armen Ländern der Dritten Welt mit ihrer Energieknappheit).
- Im Interesse einer Handlungsorientierung können Schülerinnen und Schüler Produkte der früher erforderlichen Eigenproduktion selbst herstellen und mit gekauften vergleichen. Dabei sollte auf ein gemeinsames Arbeiten in der Gruppe geachtet werden, um den gleichzeitig möglichen Kommunikationsprozeß zu verdeutlichen.

1.3.2 Schwerpunkt II

Bereich: Haushalt und Wohnen
Problemfeld: Wohnen – früher und heute

Inhalte	Ziele
– „Einraumhaus" als frühere Wohnform, z. B. ● Höhlen ● Reisig- und Schilfhütten ● Rundhütten (Iglu, Kral) ● Nomaden-/Indianerzelt ● feste Hausbauten – heutige normale Wohnformen, hier z. B. ● 1-Raum/Appartement ● Mehrpersonenwohnung/ -haus ● möbliertes Zimmer ● Einfamilienhaus ● Mehrfamilienhaus ● Hochhaus ● Heim – Notwohnen heute, z. B. ● Obdachlosenunterkünfte ● Übergangsunterkünfte ● Slums (Favelas) – Gründe für Notwohnen heute, z. B. ● Flucht	Die Schülerinnen und Schüler – erkennen das Wohnen als ein Grundbedürfnis des Menschen – erkennen die verschiedenen Formen des Einraumhauses z. B. als Schutz-, Schlaf-, Koch-, Back-, Vorrats-, Arbeits- und Erholungsraum – stellen fest, daß die Menschen durch Matten, Felle, Decken sowie Einrichtung versuchten, den Einraum aufzuteilen und suchen Gründe für diese Einteilung – benennen heutige Wohnformen – vergleichen Wohnformen früher und heute und stellen Vor- und Nachteile sowie Gemeinsamkeiten fest – stellen fest, daß es auch in der heutigen Zeit Formen des Notwohnens gibt – suchen Gründe dafür, daß Menschen in solchen Wohnverhältnissen leben – beschreiben die Folgen, die die Formen des Notwohnens mit sich bringen können – erkennen, daß es neben den gewohnten Wohnformen des Alltags unterschiedliche Formen des Freizeitwohnens gibt – benennen die verschiedenen Formen des Freizeitwohnens

Inhalte	Ziele
• Politische Verfolgung • Wanderschaft • Geldmangel • Suche nach Arbeit • Katastrophen	– erarbeiten Gründe, die zum verstärkten Anwachsen des Freizeitwohnens geführt haben – erarbeiten und bewerten Gemeinsamkeiten und Unterschiede im Freizeitwohnen und historischen Einraumwohnen.

– Mögliche Folgen des
Notwohnens, z. B.
  • mangelnde Infrastruktur-
    entwicklung
  • Zerstörung traditioneller
    Werte
  • Illegalität
  • Randgruppenbildung
  • Ghettoisierung

– Formen des Freizeitwohnens
heute, z. B.
  • Wochenendhaus/
    Schrebergarten
  • Camping (Zelt, Wohnwagen,
    Wohnmobil)
  • Hausboot
  • Hotel/Pension

– Gründe für das Bedürfnis nach
Freizeitwohnen, z. B.
  • Wohnverhältnisse
    + anonym
    + beengt
    + naturfern
  • Mangel an
    Spielgelegenheiten
  • Ausgleich zur Berufstätigkeit
  • Ansteigen der freien Zeit
  • Möglichkeiten sportlicher
    Betätigung
  • Naturverbundenheit
  • Klimawechsel

Hinweise zum Unterricht

– Einstiegsmöglichkeiten:
– Der Besuch eines Freilichtmuseums bietet sich an, um den Schülerinnen und
  Schülern frühere Wohnformen zu verdeutlichen.
– Bilder verschiedener Einraumhäuser, anhand derer die verschiedenen Funktions-
  bereiche erarbeitet werden können

- Vergleich zweier Bilder (z. B. Schilfhütte/Reihenhaus) aus früherer und heutiger Zeit, um die Unterschiede herauszuarbeiten
- Nach der Erarbeitung der unterschiedlichen früheren und heutigen Wohnformen sollte evtl. eine Wertung stattfinden, da die heutigen oft bequemen Wohnräume nicht nur Vorteile mit sich bringen (z. B. Anonymität in Mietskasernen).
- Expertenbefragung (Sozialarbeiter, Wohlfahrtsverbände) zu Wohnproblemen in der Gemeinde
- Darbietung der Wohnsituation in Slums über Dia oder Bild
- Schülerinnen und Schüler berichten von ihren Urlaubserfahrungen (normalerweise befinden sich in jeder Lerngruppe Kinder, die schon einmal einen Urlaub/ ein Wochenende dieser Art verlebt haben).
- Erkunden/Selbsterfahren z. B. eines Campingplatzes, einer Schrebergartenanlage und Interview der Benutzer.

1.3.3 Schwerpunkt

Bereich: Haushalt und Zusammenleben
Problemfeld: Zusammenleben im Haushalt – früher und heute

Inhalte	Ziele

- Leben früher (Mittelalter)
 • Gesellschaftsgruppen, z. B.
   + Adel
   + Geistlicher Stand
   + Bürger
   + selbständige Handwerker und Kaufleute
   + selbständige Bauern/ Vollbauern
   + unverheiratete Verwandte und Kinder
   + Gesellen/Mägde
   + Leibeigene
 • Hausgemeinschaft und deren Aufgaben, z. B.
   + Lebens-Arbeits-Einheit
   + festes Reglement
   + Patriarch/Hausvater
   + Hausmutter
   + Diener und Gesinde
   + Kinder
 • Lebens- und Hierarchieregeln, z. B.
   + durch Kultur/Kirche/ Stände (-ordnung)
	Die Schülerinnen und Schüler
	
	 - beschreiben die Standesunterschiede von Gesellschaftsgruppen in der Vergangenheit
	 - beschreiben die strenge hierarchische Gliederung eines Hausstandes und die unterschiedlichen Aufgaben von Hausvater und Hausmutter im Mittelalter
	 - erkennen die unterschiedliche Stellung der einzelnen Haushaltsmitglieder
	 - finden Konflikte, die sich aus der räumlichen Enge für die Hausgemeinschaftsmitglieder ergeben konnten
	 - stellen fest, daß das Ziel der Hausgemeinschaft bestimmt war durch Tätigkeiten zur Wahrung und Sicherung des Hausstandes als Lebens- und Arbeitseinheit und nicht primär durch emotionale persönliche Bindungen
	 - erkennen die sozialen Schranken und Ordnung von Lebens- und Arbeitsaufgaben, die sich ergaben aus Standes- und Hierarchieregeln und aus sozialer Kontrolle der Lebensgemeinschaft
	 - beschreiben die Form des Zusammenlebens bei uns in der heutigen Zeit

Inhalte	Ziele

+ durch Landschaft/ Jahreszeit
+ als gesellschaftliches Gerüst
+ als Basis für Rechtsprechung
+ als Hilfe für die Lebens-/ Hausgemeinschaft
+ für Geschlechtsrollen
+ für Hausstandsgründung
● Besonderheiten in der Hausgemeinschaft, z. B.
  + Feste (Hochzeiten, Taufen...)
  + Gastlichkeit
  + besondere Ereignisse (Krankheit, Geburt...)
 	
– Änderungen von Formen des Zusammenlebens, z. B.
● gesellschaftliche Änderungen
● Änderung der Lebensform, z. B. Nomadentum/ Seßhaftigkeit
● Land-/Stadtleben
● Übernahme von anderen Ständen/Kulturen
● Industrialisierung
● Bildung und Berufstätigkeit
 	
– Leben hier und heute, z. B.
● Familie/Haushalt
● kleine Haushaltsgemeinschaft
● Haushaltsmitglieder gleichwertig
● Trennung von „Leben" und „Arbeit"
● Lebensregeln selbst finden
● Basis: emotionale Verbundenheit
● Sicherheit/ individuelle Freiheit
● Privatheit
	– erkennen, daß jede Lebens-/Hausgemeinschaft sich über ihre eigenen Lebensregeln verständigen sollte
	– benennen Probleme, die sich aus der Trennung von Arbeits- und Lebenswelt Haushalt ergeben
	– erarbeiten die Aufgaben einer heutigen Lebens-/Haus(halts)gemeinschaft
	– erkennen, daß sich die Lebensformen „Zusammenleben im Haushalt" von einer Zweckgemeinschaft eher zu einer Sympathiegemeinschaft entwickelt hat
	– vergleichen Formen des Zusammenlebens früher und heute.

Hinweise zum Unterricht

- Die Komplexität der Thematik und der Gegenwartsbezug für die Schülerinnen und Schüler erfordert einen didaktisch reduzierten „Stoffumfang" bezogen auf den Altersstand und den Anteil von Kindern unterschiedlicher Kulturen.
- Es ist darauf zu achten, daß weder persönliche Angriffe stattfinden noch Diskriminierungen laut werden. Bei der Sensibilisierung für andere Formen des Zusammenlebens sollte vermieden werden, eigene Wertvorstellungen von Lebensformen zur Norm für andere zu machen.
- Situations- und Rollenspiele geben Gelegenheit, den heutigen Stand des Zusammenlebens durch die Schülerinnen und Schüler vorstellen zu lassen.
- Anhand von Abbildungen/zeitgenössischen Darstellungen alter Meister läßt sich die Situation des Zusammenlebens in verschiedenen Epochen erarbeiten.
- Museums- und Freilichtmuseumsbesuche verdeutlichen die Bedingungen der räumlichen Gegebenheiten sowie Einschränkungen durch die Enge und Form und Anzahl von Möbeln.
- Die hierarchische Struktur der Gesellschaft früherer Zeiten läßt sich u. a. durch Märchen aufarbeiten.
- Zu derzeitigen unterschiedlichen Formen des Zusammenlebens können aktuelle Spiel- und Dokumentarfilme herangezogen werden.
- Die „Tugenden" von Hausvater und Hausmutter könnten zu einem Katalog plakativ zusammengestellt werden.
- Spielerische, rollenspielartige, zeichnerische Darstellungen erleichtern den Schülerinnen und Schülern die aktive Auseinandersetzung und ermöglichen und verdeutlichen Kommunikation.
- Zeichnungen und Sammlungen von Abbildungen könnten zu Wandzeitungen zusammengestellt werden.

2. Wirtschaft

2.1 Ausführungen zur Arbeit in den Jahrgangsstufen 5 und 6

Die Schülerinnen und Schüler lösen sich aus dem komplexen Fach Sachunterricht der Grundschule und lernen das neue Fach Wirtschaft kennen. Diese Erstbegegnung hat daher eine wichtige Funktion für die weitere schulische Motivation. Dabei ist es wichtig, daß neben der historischen und politischen Dimension besonders auch spezifische Arbeits- und Zugriffsweisen des Faches Wirtschaft eingeübt werden. Die Bedeutung für die eigene praktische Lebensbewältigung muß für die Schülerinnen und Schüler erkennbar sein.

Neben der Gewinnung grundlegender Begriffe geht es um eine Einführung in Grundsachverhalte wirtschaftlichen Handelns. Bestehende Tatbestände, Konsumnormen und Verhaltensweisen werden einer kritischen Prüfung unterzogen. Dazu müssen Realsituationen genutzt und Handlungsspielräume angeboten werden, damit die Schülerinnen und Schüler praktisch ausführen und reflektieren, prüfen, vergleichen und abwägen können.

2.2 Schwerpunkt

Der Unterricht soll einen Schwerpunkt bearbeiten:

Bereich: Haushalt und Wirtschaften
Problemfeld: Geld und Geldgeschäfte.

In dem Problemfeld werden Inhalte aufgegriffen, die den Erlebnis- und Erfahrungsbereich im Umgang mit Geld betreffen. Begriffe wie Geld, Tausch, Taschengeld, Einkommen und Ausgaben werden täglich benutzt. Sie bedürfen jedoch einer umfassenden inhaltlichen Erläuterung und Einordnung, um sie in entsprechenden Handlungszusammenhängen sachgerecht verwenden zu können.

Einen ersten Zugang findet man über die historische Entwicklung, die den Prozeß von der Tausch- zur Geldwirtschaft verdeutlicht. Die Untersuchung der Verwendungsmöglichkeiten des Taschengeldes bringt erste Erkenntnisse in Hinsicht auf die Funktion des Geldes im wirtschaftlichen Geschehen.

Durch die Gegenüberstellung von Einkommen und Ausgabemöglichkeiten der Familie soll die Bedeutung wirtschaftlichen Umgangs mit Geld reflektiert werden.

Inhalte	Ziele
Tauschhandel/ Geldwirtschaft	– den Waren- und Gütertausch als Merkmal wirtschaftlichen Handelns kennzeichnen – die Schwierigkeiten des Tauschhandels aufzeigen – die Arten des Geldes unterscheiden – Geld als Zahlungsmittel beschreiben – Geld als Wertmesser für Güter und Dienstleistungen erkennen – Geld als Wertaufbewahrungsmittel kennzeichnen – die Möglichkeiten, den Zahlungsverkehr abzuwickeln, aufzeigen
Taschengeld und seine Verwendung	– Taschengeld als Einkommen des Schülers bezeichnen – Gründe für unterschiedliche Höhen des Taschengeldes untersuchen – die durch das Taschengeld hervorgerufenen Konsumgewohnheiten untersuchen – die Verwendungsmöglichkeiten des Taschengeldes zu individuellem, wirtschaftlichem Handeln erarbeiten

Inhalte	Ziele
Einkommen und Ausgaben der Familie	– das Einkommen eines 4-Personen-Arbeitnehmerhaushaltes den verschiedenen Ausgaben gegenüberstellen – die Höhe des Einkommens als Grundlage für den Lebensstandard einer Familie verdeutlichen – die Bedeutung des Sparens für die Realisierung besonderer Wünsche und Vorhaben erkennen

Hinweise zur Unterrichtsgestaltung

Schülerinnen und Schüler
– untersuchen Tauschhandel unter Schülern und Jugendgruppen
– stellen Beispiele des Tauschhandels aus der Geschichte als Bilddokumente zusammen
– organisieren eine Tauschbörse
– nehmen am Flohmarkt teil
– befragen Großeltern über Tauschpraktiken in der Nachkriegszeit
– tragen unter dem Thema „Geld früher – Geld heute" (z. B. Gewürze, Gold, Muscheln, Teeziegel) Wertvorstellungen zusammen und dokumentieren sie
– beschreiben Zahlungsvorgänge mit und ohne Bargeld
– nennen Sparziele aus dem eigenen Erfahrungsbereich
– tragen Möglichkeiten zur Aufbesserung des Taschengeldes zusammen (z. B. häusliche Dienste, Auto waschen, einkaufen, . . .)
– listen ihre Vermutungen über die Ausgaben einer Familie auf
– benutzen statistische Angaben (z. B. Schaubilder) zur Einkommensstruktur von Haushalten
  + ermitteln unabdingbare Ausgaben
  + finden mögliche Sparanteile heraus
– diskutieren die Möglichkeiten z. B. für eine Klassenfahrt zu sparen.